AF360714

BIOGRAPHIES

D'HOMMES ILLUSTRES

DES

TEMPS ANCIENS ET MODERNES

COULOMMIERS. — TYPOG. PAUL BRODARD.

BIOGRAPHIES
D'HOMMES ILLUSTRES

DES

TEMPS ANCIENS ET MODERNES

OUVRAGE RÉDIGÉ

Conformément au programme du 2 août 1880

PAR

LOUIS CONS

Agrégé de l'Université
Professeur au collège Stanislas.

CLASSE PRÉPARATOIRE

PARIS

LIBRAIRIE CH. DELAGRAVE

15, RUE SOUFFLOT, 15

1881

PRÉFACE

En établissant le *Programme de la classe pré-paratoire à l'enseignement secondaire*, le Conseil supérieur de l'instruction publique a décidé que le cours d'histoire se composerait de *Biographies d'hommes illustres des temps anciens et modernes*.

Le programme ajoute : « Le professeur reste d'ailleurs maître de la disposition et du choix de ses sujets. Il agit d'après son expérience et d'après la nature d'esprit des élèves auxquels il s'adresse. » Nous n'avons donc pas la prétention de présenter aux professeurs et aux élèves un livre en dehors duquel ils n'aient, pour ainsi dire, rien à chercher ni à apprendre. Nous croyons cependant avoir fait une œuvre utile et dont on nous saura gré.

Nous avons voulu montrer comment, à notre avis, ce cours composé de biographies peut être conçu pour arriver à un but plus important encore que celui auquel on pensait atteindre.

Sans négliger la division indiquée par le programme en hommes d'Etat, hommes de guerre, écrivains, artistes, explorateurs, inventeurs et savants, nous l'avons fait entrer dans un cadre plus grand et plus systématique. Nous avons pris pour divisions principales les grandes époques de l'histoire de l'humanité, et nous avons caractérisé chacune d'elles par la biographie d'un ou de plusieurs grands hommes.

Ainsi *Moïse, Confucius, Bouddha*, montrent les grandes organisations religieuses qui ont fondé les sociétés primitives et où étaient déposés les germes de toute civilisation. — Pour l'histoire de la Grèce, nous avons choisi *Périclès*, c'est-à-dire le siècle le plus brillant d'Athènes et du monde grec ancien ; les *philosophes grecs*, créateurs de la véritable science et de l'étude raisonnée de l'homme ; *Alexandre*, qui fondit dans la civilisation grecque les peuples et les usages si variés de l'Orient. — La conquête romaine, dans ce qu'elle eut de beau et d'utile, est représentée par *Scipion* l'Africain, et les résistances légitimes qu'elle éprouve, par *Annibal*. *César* résume l'œuvre accomplie par Rome et l'organisation du monde ancien dans la paix romaine. Sous *Trajan*, nous voyons l'empire romain à son apogée ; sous *Constantin*, la transformation de l'empire païen en empire chrétien. — Le moyen âge se résume dans *Charlemagne*, qui met fin aux invasions et fonde la chrétienté ; dans *Mahomet*, le créateur du monde musulman, contre lequel le monde chrétien se heurte dans les croisades. Les résultats du moyen âge y sont présentés par *saint Louis*, le modèle des rois, et par *Dante*, dont le poème clôt et résume toute cette grande époque. A un point de vue plus spécial, avec *Jeanne Darc* apparaît la patrie française.

L'avènement des temps modernes est marqué par les découvertes de *Christophe Colomb* et de *Vasco de Gama*, qui agrandissent si démesurément le monde connu, par l'invention de *Gutemberg*, par les travaux de *Bernard Palissy* et de *Galilée*, avec lesquels naissent un merveilleux développement de l'esprit humain, une industrie et une science nouvelles. Pour les grands hommes des temps modernes, nous reprenons la division générale indiquée par le programme.

Grâce à cette division méthodique, les élèves, en apprenant des biographies, acquerront aussi une idée générale du développement historique, dont ils connaîtront plus tard les détails. Ils auront ainsi suivi un *cours* vraiment *préparatoire* aux études futures.

Ce cadre que nous donnons, le professeur peut le remplir comme il le juge convenable, suivant les indications du programme. Il peut ajouter, retrancher, modifier. Sa liberté d'action reste complète.

Nous avons encore voulu indiquer comment pouvaient être racontées ces *Biographies*, quels détails étaient à prendre, quels à négliger dans des récits destinés à des enfants. Nous avons écarté le détail sèchement biographique et recherché l'anecdote. Cependant nous n'avons pas voulu que la biographie fût insignifiante, et nous avons tenu à marquer nettement, même au prix de quelques difficultés pour l'intelligence de l'enfant, le caractère et l'importance de chaque personnage.

Ajoutons que les professeurs qui voudraient se borner à ce livre y trouveraient ample matière à exercer leur initiative. Elle consisterait à faire bien comprendre aux enfants ce que le livre contient. C'est ainsi que l'idée principale de l'invention de Gutemberg ne peut être comprise que si le maître explique, soit par un dessin soit par une *leçon de choses*, la manière dont Gutemberg plaçait ses caractères mobiles dans les intervalles laissés libres sur ses planches sculptées. C'est ainsi qu'il faudrait faire saisir par les yeux ce que c'est que la *soupape de sûreté* de Papin, le *paratonnerre* de Francklin et bien d'autres explications.

Nous conseillons surtout aux professeurs de ne

jamais enseigner sans cartes géographiques. Nous ne disons pas qu'il faille faire entrer les enfants dans les détails d'une science qu'ils n'ont pas encore apprise. Mais il faut que l'enfant voie où se passent les faits, où sont situées les contrées dont on lui parle. Il faut qu'il *voie* la Grèce et le Portugal pour admirer les petits pays qui ont fait de si grandes choses. Il faut qu'on lui montre le monde connu des anciens et qu'il le compare aux régions parcourues après les découvertes des Gama et des Colomb. Il faut que par ses yeux il garde le souvenir plus précis des voyages de Cook et de Bougainville. Pour cela, une carte de l'Europe et une mappemonde ou mieux encore un globe suffisent amplement.

Nous attirons enfin l'attention des professeurs sur les *leçons morales* qui se dégagent de ces biographies. Nous avons insisté sur les qualités de cœur des hommes dont nous parlons, sur leur affection pour leurs parents, leur amour de l'étude, le désir d'être utiles. En dehors des notions préparatoires à leurs études ultérieures, les enfants puiseront dans ces écrits de bons sentiments. Ils sauront que les grands génies ont tous été de grands cœurs, que la gloire ne s'obtient qu'au prix de longs efforts, parfois de dures souffrances, toujours par un amour constant de l'étude et du travail. Ils y apprendront à placer parmi les grands hommes, non pas tous ceux qui ont fait du bruit dans le monde, mais ceux-là seulement qui ont laissé des résultats utiles à leur patrie et à l'humanité. Et nous leur disons que pour ces hommes-là ils ne sauraient avoir trop de reconnaissance.

Louis Cons.

BIOGRAPHIES D'HOMMES ILLUSTRES

DES TEMPS ANCIENS ET MODERNES

PREMIÈRE PARTIE

HISTOIRE ANCIENNE

CHAPITRE PREMIER

ÉGYPTE

L'ÉGYPTE se compose de la *vallée du Nil*, depuis le point où, sortant de la Nubie, l'ancienne Éthiopie, il cesse de recevoir des affluents et coule directement du sud au nord vers la Méditerranée, jusqu'à ce qu'il se jette dans la mer par un grand nombre de bouches ou d'embouchures qui forment un *delta* [1].

Le Nil coule là resserré entre deux chaînes de collines, au delà desquelles sont à gauche le désert lybique, à droite le désert arabique. Il pleut rarement dans cette contrée. Le pays serait donc complètement infertile si des pluies abondantes ne tombaient chaque année, à époque fixe, dans la région où le Nil prend sa source. Elles viennent grossir les eaux du fleuve, qui monte, déborde, remplit l'espace compris entre ses collines, et laisse en se retirant un limon abondant qui donne au pays une fertilité extraordinaire.

Dans cette vallée se fixèrent, il y a environ six mille ans, des populations qui, sous la direction de leurs prêtres, atteignirent bientôt un haut degré de prospérité.

---

1. Ce nom vient de ce que l'ensemble des bouches du Nil formait une figure semblable à la lettre grecque *delta*, qui correspond à notre D et qui s'écrivait ainsi : Δ, en majuscule.

Les prêtres égyptiens réglèrent la religion de ces populations, qui voyaient des êtres animés et des dieux partout dans la nature, jusque dans les animaux et les plantes [1]. Ils placèrent au-dessus de ces dieux vulgaires le culte du Dieu suprême, du **Soleil**, qui donne la vie à toute la nature.

Ils donnèrent aux premiers Egyptiens des lois morales d'une admirable sagesse.

Ils furent enfin les premiers architectes de ces monuments où se révèle aujourd'hui pour nous la splendeur de la civilisation égyptienne.

Les principaux sont :

Les **pyramides**, formées d'énormes blocs de pierre disposés d'abord sur une large base rectangulaire, puis étagés les uns au-dessus des autres, en diminuant toujours, jusqu'à la dernière pierre, qui se termine en pointe triangulaire. Les pyramides servaient de tombeaux aux rois égyptiens [2] ;

Les **obélisques**, immenses colonnes d'une seule pierre, taillées à quatre faces, sur lesquelles les rois faisaient graver l'histoire de leur règne. On les dressait généralement des deux côtés de la porte d'entrée d'un palais ou d'un temple [3] ;

Les **sphinx**, figures accroupies, à corps de lion et à tête humaine. Les sphinx étaient aussi sculptés dans un seul bloc de pierre ou de granit, et on les disposait face à face, sur deux rangées, le long de l'avenue qui conduisait à un monument ;

Les **temples** ou **palais** immenses, élevés en pierre et en granit à la surface du sol et dont les murs à l'in-

---

1. En Egypte, dit Bossuet, « tout était Dieu, excepté Dieu lui-même. »

2. La plus haute pyramide est celle du roi Chéops ; elle a une hauteur de 146 mètres.

3. On voit à Paris, sur la place de la Concorde, un obélisque, pris au village de Louqsor, parmi les ruines de l'ancienne Thèbes. Sur les côtés est gravée une partie de l'histoire du grand roi Ramsès II, plus connu sous le nom de Sésostris.

térieur et à l'extérieur étaient couverts de figures coloriées représentant des scènes historiques ou religieuses ;

Les **hypogées**, vastes salles souterraines où l'on déposait les corps des morts, pieusement conservés et entourés de bandelettes [1].

L'histoire de l'ancienne Egypte est restée longtemps ignorée. Elle était pourtant écrite dans les sculptures

Obélisques et sphinx. Temple égyptien.

des monuments dont nous avons parlé ; mais elle y était tracée en caractères inconnus qu'on appelait *hiéroglyphes* ou caractères sacrés, parce qu'ils avaient été inventés par les prêtres.

C'est un Français, M. *Champollion*, qui, au commencement de ce siècle, est parvenu le premier à lire quelques-unes de ces inscriptions. Depuis ce temps, les monuments de l'Egypte ont été explorés, leurs inscriptions ont été déchiffrées, et l'histoire de l'Egypte est mieux connue, grâce aux efforts d'un autre Français,

1. Le mot *hypogée* a été formé de deux mots grecs : *hypo*, sous, et *gé*, la terre : c'est-à-dire édifices souterrains.

M. *Mariette*, si connu aujourd'hui sous le nom de *Mariette-bey* [1].

CHAPITRE II

ASSYRIE

Du quinzième au septième siècle avant Jésus-Christ (1400-600 av. J.-C.), deux grands empires prospérèrent

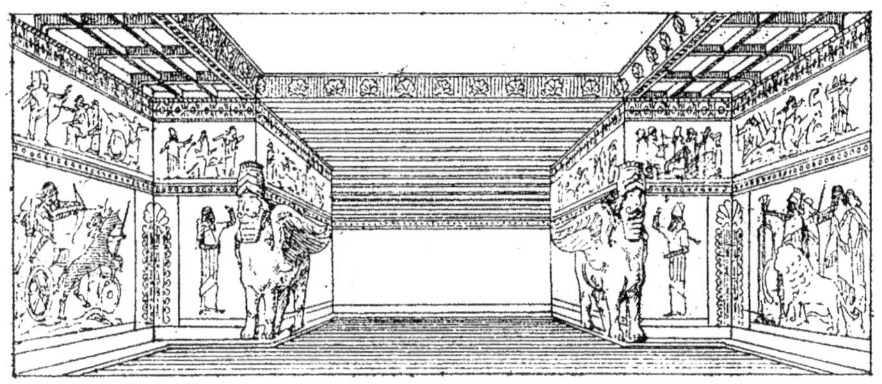

Temple assyrien.

dans les *bassins du Tigre et de l'Euphrate*. Ils portent le nom de premier et second *empire assyrien*.

Leurs capitales sont restées célèbres. C'étaient NINIVE sur le Tigre et BABYLONE sur l'Euphrate.

Babylone fut la plus puissante. Selon l'historien grec Hérodote, la muraille qui l'entourait formait un carré de 86 kilomètres. Elle était haute de 120 mètres, épaisse de 50 mètres et pourvue de cinquante portes d'airain. Elle était assez large au sommet pour que six chars pussent y marcher de front.

1. Le titre de *bey* ou de *seigneur* lui a été donné par le vice-roi d'Égypte, en récompense de ses beaux travaux.

Cette muraille était encore fortifiée par 250 tours placées deux à deux de distance en distance.

Les deux parties de la ville situées sur les deux rives de l'Euphrate étaient unies par un tunnel haut de quatre mètres et large de deux qui avait été creusé sous le lit du fleuve.

On admirait dans Babylone de gigantesques et ma-

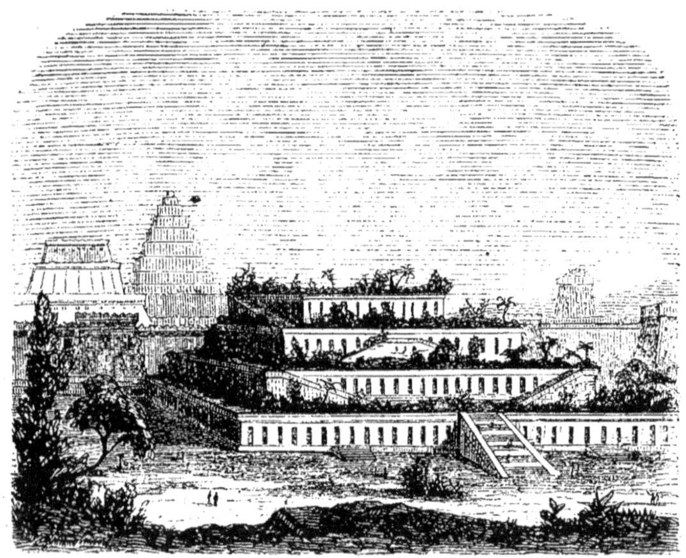

Palais de Babylone.

gnifiques palais construits généralement de la façon suivante.

La pierre de taille était peu abondante dans ces régions; on employait surtout pour les constructions l'albâtre tendre et la terre de brique. Mais alors, comme on ne pouvait pas trop surcharger les constructions inférieures, qui se seraient écrasées sous la masse de l'édifice, il fallait, ou construire des palais d'une faible hauteur, comme à Ninive[1], ou leur donner, comme

1. Les palais de Ninive étaient peu élevés par eux-mêmes, mais on les construisait sur des collines soit naturelles, soit artificielles.

à Babylone, une forme particulière. Elle consistait à bâtir chaque étage en retrait sur l'étage inférieur, ce qui donnait au monument entier l'aspect d'une construction en forme de gradins jusqu'à l'étage le plus élevé. De plus, chacun de ces étages pouvait supporter une terrasse sur laquelle on plantait des jardins, restés célèbres sous le nom de jardins suspendus de Babylone.

On employait la pierre et le marbre pour les ornements. Ainsi, aux portes d'entrée, on plaçait deux sculptures colossales en pierre, deux taureaux ailés, ayant des têtes d'homme, semblables à ceux qu'on peut voir au musée du Louvre [1]. Les murs extérieurs du palais étaient recouverts de plaques de marbre; les murs intérieurs des salles, de plaques de pierre couvertes de sculptures et d'inscriptions racontant l'histoire et les conquêtes des rois assyriens.

Les inscriptions étaient d'une écriture particulière. Les diverses parties des lettres ont la forme de coins ou de clous : d'où le nom d'écriture *cunéiforme* [2] donné à l'écriture de ces inscriptions.

La manière dont ces villes étaient construites faillit condamner leur histoire à une obscurité perpétuelle. Lorsque les monuments tombèrent en ruine, ces briques s'émiettèrent, se réduisirent en poudre; et, au commencement de ce siècle, à la place des puissantes cités de Ninive et de Babylone, il n'y avait plus que des collines ou monticules poudreux sous lesquels dormaient pêle-mêle les débris de la civilisation assyrienne.

C'est un Français, M. *Botta*, qui le premier, en 1842, découvrit les ruines de Ninive. Les inscriptions cunéiformes ont pu être déchiffrées et expliquées grâce à la science d'un autre Français, M. *Eugène Burnouf;* et

---

1. On les appelle les colosses de Khorsabad, parce qu'ils ont été trouvés près de ce village, où reposaient les ruines de Ninive.

2. C'est-à-dire en forme de coin : du mot latin *cuneus*, qui veut dire coin à fendre le bois.

c'est à eux que l'on doit d'avoir aujourd'hui reconstruit en grande partie l'histoire des deux empires assyriens.

CHAPITRE III

MOÏSE [1] (VERS LE XVIIe SIÈCLE AVANT JÉSUS-CHRIST)

La Bible nous raconte que Joseph, fils de Jacob, devenu ministre d'un roi ou *Pharaon* [2] d'Egypte, fit venir près de lui ses frères, leur donna des terres où ils s'établirent, et leur famille devint l'origine des treize tribus d'Israël qu'on appelle les *Israélites*, les *Hébreux* ou les *Juifs* [3].

Les Hébreux se multiplièrent en Egypte, et les rois égyptiens redoutèrent un peuple qui devenait si nombreux. Ils les réduisirent à l'esclavage, les assujettirent aux travaux les plus pénibles. Les Hébreux

Moïse, d'après Michel-Ange.

étaient accablés de maux de toutes sortes lorsqu'ils furent délivrés par Moïse.

---

1. Nous retraçons seulement ici le rôle politique de Moïse. Il est indispensable pour les détails de consulter l'histoire sainte.

2. Nom général donné aux rois égyptiens ; c'est le mot égyptien *phra*, qui veut dire fils du soleil.

3. *Hébreux* veut dire fils d'*Heber*, arrière-petit-fils de Sem ; *Israélites*, fils d'*Israël* ou Isaac, fils d'Abraham ; *Juifs*, en latin *Judæi*, vient de la tribu de *Juda*, qui fut la plus fidèle au culte mosaïque.

Moïse signifie sauvé des eaux. Le Pharaon égyptien avait ordonné de tuer les enfants des Israélites; la mère de Moïse, ne pouvant se résoudre à tuer son enfant, le mit dans une corbeille qu'elle déposa sur les eaux du Nil et qu'elle abandonna au courant du fleuve. La corbeille s'arrêta dans des roseaux à un endroit où la fille de Pharaon se baignait avec ses compagnes. Elle fut frappée de la beauté du petit enfant et fut touchée de son malheur. Elle le prit avec elle et le fit élever dans le palais de son père.

Moïse profita de cette éducation. Il fut instruit dans la science des prêtres égyptiens, parvint à des charges importantes et rendit d'immenses services au Pharaon dans une guerre contre les Ethiopiens. Il arriva ainsi à l'âge de quarante ans. Mais alors il réfléchit aux malheurs qui accablaient ses compatriotes, tandis que lui-même vivait puissant et prospère dans le palais de leurs oppresseurs.

Il était rempli de ces pensées, lorsque, ayant vu un Egyptien qui insultait un Israélite, il s'élança sur l'Egyptien et le tua. Forcé de s'enfuir, il se cacha dans le désert; mais là, sur la montagne Horeb, il vit un buisson s'allumer devant lui, et une voix en sortit qui lui ordonnait d'aller délivrer les Hébreux. Il devait les faire sortir d'Egypte et les conduire dans la *terre promise par Dieu* à leurs ancêtres, dans le pays de Canaan.

Moïse obéit à ce qu'il considérait comme l'ordre de Dieu. Il rentra courageusement en Egypte, se rendit au palais du Pharaon et lui demanda de laisser sortir les Hébreux de son royaume. Des fléaux terribles, où Moïse lui montra la volonté de Dieu de tirer son peuple de l'esclavage, décidèrent le Pharaon à laisser partir les Israélites. Là commença l'œuvre étonnante de Moïse.

Il fallait conduire hors d'Egypte six cent mille hommes, sans compter les femmes ni les enfants. Il fallait accomplir un voyage de plusieurs années, tra-verser des déserts et attaquer des populations nom-

breuses et belliqueuses pour arriver enfin à cette terre
promise par Dieu et qu'on devait conquérir [1]. Moïse
triompha de toutes les difficultés.

Il commença par unir fortement les tribus juives en
leur donnant l'unité religieuse. Il les rappela au culte
de leur père commun, Abraham [2], c'est-à-dire au culte
de Jéhovah, le Dieu unique, qui avait déclaré que la
postérité d'Abraham serait son peuple de prédilection
et qu'il le ferait triompher de tous ses ennemis, tant
qu'il lui resterait fidèle.

Dans le désert, sur le mont Sinaï, Moïse alla chercher,
au milieu des éclairs et des tonnerres, la loi morale que
Dieu avait écrite pour son peuple et qu'on appelle le Dé-
calogue [3]. Il sut relever le courage des Hébreux lorsqu'ils
marchaient accablés par la longueur et les difficultés du
voyage. Il brisa impitoyablement les résistances de ceux
qui voulaient revenir à l'idolâtrie en adorant des figures
d'animaux, comme le veau d'or. Il vainquit les Amor-
rhéens, les Ammonites, les Moabites, les Madianites et
arriva enfin, après quarante ans d'efforts, en vue de la
Terre promise, du pays de Canaan.

Mais Moïse n'eut pas le bonheur d'y entrer. Accablé
par l'âge et la fatigue, il se sentait mourir; il ne voulut
pas commencer la conquête.

Il passa ses derniers jours à donner des lois aux
Israélites. Il régla la façon dont ils se partageraient le
pays et dont ils célébreraient le culte de Dieu. Pour
maintenir la pureté de la foi religieuse, qui faisait la
force et l'unité du peuple juif, il consacra au service du

---

1. Le voyage des Juifs depuis l'Egypte jusqu'à la terre de
Canaan dura, en effet, quarante ans.

2. Abraham eut pour fils Isaac ou Israël, père de Jacob. Jacob
fut le père de Joseph et de ses frères, les pères des tribus d'Israël.

3. La loi fut déposée dans le coffre ou *arche sainte* (du mot
latin, *arca*, coffre). L'arche fut le signe sacré de l'unité religieuse. C'est pour la renfermer que Salomon construisit plus tard
le fameux temple de Jérusalem.

Dieu unique une tribu tout entière, celle de Lévi, qui lui était toujours restée fidèle. Puis il se fit porter sur le mont Nébo, d'où il pouvait apercevoir la vallée sacrée du Jourdain ; il remit la direction du peuple à Josué pour faire la conquête du pays, et expira à l'âge de cent vingt ans.

Les Hébreux ne restèrent pas toujours fidèles aux prescriptions de Moïse. Ils retombèrent souvent dans l'idolâtrie et se divisèrent entre eux. Mais ils payèrent cher ces infractions à l'unité de la foi religieuse, au culte de Jéhovah, dans lequel Moïse leur avait montré l'union, la force et le salut. Les peuples voisins, les Philistins et les Assyriens, profitèrent de ces divisions des Hébreux pour les vaincre et les asservir.

Dans ces alternatives de prospérité et de revers, l'œuvre de Moïse fut continuée par les prophètes [1]. Ceux-ci rappelaient aux Juifs leurs succès lorsqu'ils étaient unis et fidèles à leur Dieu, et leur prédisaient un nouvel esclavage s'ils se montraient désunis et infidèles.

La tribu de Juda garda particulièrement le dépôt sacré de la loi mosaïque. C'est de son sein que la croyance en l'unité de Dieu se répandit définitivement chez les nations anciennes et conquit enfin le monde païen.

CHAPITRE IV

BOUDDHA (VIIᵉ SIÈCLE AVANT JÉSUS-CHRIST)

Le BOUDDHISME, religion répandue dans tout l'empire chinois, dans la presqu'île de l'Indo-Chine et dans les îles du Japon, tire son origine des préceptes prêchés par celui qu'on appelle le BOUDDHA, ou le *Sage*, par excellence.

1. Prophète, des mots grecs *pro*, avant, et *phémi*, je dis : c'est-à-dire parler avant, annoncer l'avenir.

GAUTAMAS, ou *Sakyamouni*, c'est-à-dire issu de la famille des Sakyas, naquit dans le septième siècle avant Jésus-Christ. Il était fils d'un roi de Béhar, dont le royaume était un des plus puissants de l'Inde [1]. Le jeune Gautamas vivait heureux, riche, au milieu des plaisirs, fier de sa jeunesse et de son pouvoir, sans se douter qu'il y eût, en dehors de la cour brillante de son père, des hommes pauvres et malheureux.

Il était arrivé à l'âge de vingt-cinq ans, lorsque, un jour, étant sorti seul pour se promener dans la campagne, il fut frappé de la vue d'un pauvre, couvert de haillons et qui lui demanda l'aumône. Plus loin, il fut encore plus vivement frappé par la vue d'un cadavre misérablement abandonné. Il réflé-

Bouddha.

chit alors sur la pauvreté, sur la vie et sur la mort. Il vit que la jeunesse, la puissance, les plaisirs, n'étaient rien, que tout cela était destiné à passer vite, et qu'il n'y avait de vrai et de durable que la vertu.

Aussitôt il abandonna la cour de son père, pour vivre de privations dans une retraite absolue. Pendant longtemps on ne sut ce qu'il était devenu. Enfin il sortit de l'endroit où il se tenait caché et se mit à prêcher sa doctrine dans l'Inde. Il faisait des milliers de disciples et devint partout célèbre sous le nom de *Bouddha* ou de *Sage*.

1. Le royaume de Béhar, dans la vallée du Gange, avait pour capitale Patna, aujourd'hui chef-lieu d'une division de la province du Bengale.

Il enseignait qu'il fallait mépriser les biens périssables du monde, éviter le mal, n'être ni menteur ni calomniateur, ne pas jurer ni parler légèrement, et ne pas être égoïste. Il fallait ne jamais tromper ni léser les autres, car tous les hommes sont égaux et tous sont nos frères [1].

Il ajoutait que, pour arriver à la pratique du bien et à la vertu suprême, il fallait abandonner toutes choses et se retirer complètement du monde, pour vivre d'aumônes dans la pauvreté. Aussi ceux qui veulent remplir tous les préceptes de Bouddha se réunissent dans des monastères sous la direction d'un chef religieux. Le Thibet et la Chine sont remplis de ces monastères immenses, où des religieux vivent isolés du monde dans la pratique des plus austères vertus.

Le Bouddha mourut vers 550, après avoir prêché pendant quarante ans. Il devint un objet de vénération : on le plaça dans des temples, où on le représente encore aujourd'hui les jambes croisées, dans l'attitude d'une profonde méditation.

CHAPITRE V

CONFUCIUS (551-479 AVANT JÉSUS-CHRIST)

Le grand philosophe chinois CONFUCIUS naquit en 551 avant Jésus-Christ [2]. Sa famille était une des plus anciennes de la Chine. Elle remontait à l'empereur

1. Ce dernier précepte tourna contre le Bouddha les prêtres indiens ou brahmes, qui avaient divisé la société indoue en quatre castes, celle des brahmes, celle des guerriers, celle des marchands et celle des serviteurs. Au-dessous était encore la population méprisée des parias. Celui qui appartenait à une caste ne pouvait plus en sortir et ses enfants devaient y rester comme lui. Les brahmes persécutèrent violemment les partisans du bouddhisme et finirent par les chasser de l'Inde.

2. Il naquit à Tsiou-i, dans le royaume de Lou, aujourd'hui province de Chang-toung.

Hoangti, qui, plus de 2000 ans avant Jésus-Christ, avait donné à la Chine son organisation et ses lois.

Dès son enfance, *Confucius* se fit remarquer par sa sagesse, son amour du travail, son respect pour ses parents et pour les vieillards. Il eut bientôt une telle réputation de savoir et de prudence, qu'à l'âge de dix-sept ans on lui confia une charge publique, la surveillance de l'approvisionnement des marchés de sa ville natale.

A vingt-cinq ans, il perdit sa mère. Sa douleur fut immense. Il voulut pleurer cette sainte mémoire suivant toute la rigueur des anciens usages de la Chine, depuis longtemps oubliés. Il abandonna ses fonctions, cessa de paraître en public et se renferma pendant trois ans dans sa demeure.

Là, dans la solitude, il réfléchit sur les moyens de rendre les hommes meilleurs; c'était le seul but qu'il considérât comme digne d'un homme qui veut être utile à ses sem-

Confucius.

blables. Il pensa que la première condition pour être un homme de bien, c'était d'honorer les ancêtres, de respecter les lois qu'ils nous ont laissées et de pratiquer les vertus dont ils nous ont donné l'exemple. Il se mit donc à étudier profondément l'histoire de la Chine pour y retrouver les bonnes lois, les préceptes de morale des anciens législateurs et les expliquer à ses contemporains.

Il ouvrit sa maison à tout le monde, et, de toutes parts, on venait écouter ses leçons, et on en revenait meilleur.

A ce moment, la Chine était partagée en plusieurs gouvernements ou royaumes soumis à un empereur suprême. L'un des gouverneurs ou rois, celui du royaume de Lou, patrie de Confucius, résolut de faire venir Confucius pour en faire un premier ministre. Il le nomma grand juge du royaume. Aussitôt Confucius établit partout l'ordre et la justice, et bientôt la province de Lou fut la partie la plus florissante de la Chine.

Mais, au bout de quelques années, Confucius fut calomnié auprès du roi par les mauvais administrateurs et les courtisans corrompus, que blessaient sa vertu et son amour pour la justice. Confucius fut chassé de la cour, et il erra pendant dix ans, persécuté, manquant souvent de logis et même de pain.

Le philosophe ne se découragea pas. Il garda toujours son amour pour la vertu et pour ses semblables. « Je suis, disait-il, comme un chien fidèle chassé par son maître ingrat. Mais que m'importe l'ingratitude des hommes? Elle ne m'empêchera pas de leur faire tout le bien qui dépendra de moi. Si mes leçons restent infructueuses, j'aurai du moins la consolation intérieure d'avoir fidèlement rempli ma tâche. »

Enfin, à l'âge de soixante-huit ans, il revint dans sa ville natale et y passa les cinq dernières années de sa vie, s'occupan. de former des disciples et de mettre la dernière main à ses ouvrages.

Il mourut à l âge de soixante-treize ans, en 479 avant Jésus-Christ.

Les préceptes de Confucius sont encore observés aujourd'hui en Chine. C'est à eux que les Chinois doivent ce respect pour leurs parents, pour leurs ancêtres et pour les anciens usages qui est leur première et leur plus admirable vertu.

« Tout ce que je vous dis, écrit Confucius, les anciens sages l'ont pratiqué avant nous. » Il recommande cinq vertus principales : l'*humanité*, qui nous fait aimer tous les hommes; la *justice*, par laquelle nous rendons à chacun ce qui lui appartient; l'*ordre*, qui nous engage à nous conformer aux lois et aux usages établis; la *droiture*, qui nous fait rechercher la vérité; la *sincérité*, qui nous conseille de ne rien déguiser ni cacher dans nos actions ni dans nos paroles.

Mais on ne peut observer ces vertus si l'on n'a pas avant tout la *piété filiale*. « La piété filiale, dit Confucius, c'est la reine de toutes les vertus, la source de l'enseignement, la loi éternelle du ciel, la justice de la terre, le point d'appui de l'autorité, le premier lien de la société et la mesure de tout mérite. »

Voici encore quelques-unes de ses maximes favorites : « Celui qui a offensé le Ciel n'a plus de protecteur. — Conduisez-vous toujours avec autant de retenue que si vous étiez observé par dix yeux et montré par dix mains. — Faire le mal et ne pas s'en repentir, c'est vraiment faire le mal. »

DEUXIÈME PARTIE

GRÈCE

CHAPITRE PREMIER

PÉRICLÈS (500-429 AVANT JÉSUS-CHRIST)

La Grèce, ou plutôt le monde grec était habité par des peuples d'origine commune dont les plus puissants étaient les *Doriens* et les *Ioniens*. Il se divisait en un grand nombre de villes ou de cités indépendantes, dont les principales étaient *Sparte* et *Athènes*.

Sparte et les Doriens avaient peuplé de leurs colonies surtout les côtes de l'Italie méridionale et de la

Sicile [1]; Athènes et les Ioniens avaient surtout colonisé les îles de l'Archipel et les côtes de l'Asie Mineure.

Sparte, la cité dorienne, était puissante par son armée de terre. Les citoyens s'y préoccupaient avant tout de devenir des soldats accomplis.

Athènes, la cité ionienne, l'emportait par sa marine.

Périclès.

Ses habitants étaient les plus aimables et les plus civilisés de tous les Grecs. Ils s'adonnaient au commerce, à l'industrie : ils aimaient les arts et la littérature. Ils avaient montré leur bravoure au début des *guerres médiques* [2], lorsque seuls, sous Miltiade, ils avaient repoussé à Marathon la première invasion des Perses et du roi Darius; puis lorsque, sous Thémistocle, à Salamine, ils avaient, à la tête de la flotte grecque réunie, dispersé la flotte immense de Xercès.

Un grand législateur, nommé *Solon*, avait donné à Athènes son gouvernement. Il en avait fait une république, où le pouvoir était aux mains du peuple [3]. Lorsqu'il y avait une grande affaire à décider, une guerre à déclarer, un traité à signer, le peuple se réunissait

---

1. Les principales colonies doriennes sont Tarente et Syracuse ; les principales colonies ioniennes sont Délos, Chios, Smyrne, Ephèse.

2. Guerres *médiques*, ou guerres entre les Grecs et l'empire perse, dont les populations principales étaient les *Mèdes* et les *Perses*.

3. C'est ce qu'on appelle la démocratie, des deux mots grecs *démos*, peuple, et *cratein*, gouverner. On l'oppose à l'aristocratie, ou gouvernement d'une classe sur tout le reste de la nation, des mots grecs *aristos*, meilleur ou supérieur, et *cratein*, gouverner, c'est-à-dire gouvernement de citoyens qui se disent supérieurs aux autres.

sur la place publique ou *Agora;* il écoutait les orateurs qui parlaient de la tribune ou *Pnyx;* puis on votait et on suivait l'avis de la majorité.

C'est dans ces assemblées que Périclès acquit l'immense autorité qu'il exerça sur la république.

Périclès était fils de Xantippe, qui avait commandé les flottes d'Athènes et remporté une des plus belles victoires des guerres médiques. Il passa sa jeunesse dans l'étude des sciences et de la philosophie, et se fit remarquer par son ardeur au travail et sa facilité à apprendre et à exprimer ce qu'il avait appris.

Quand il parut sur la place publique, il frappa les Athéniens par la beauté de sa taille et de son visage. Il avait la tête un peu grosse; mais sa physionomie était si pleine d'intelligence et de majesté qu'il en imposait à tous et qu'on le comparait à Jupiter Olympien [1].

A ce moment, le parti aristocratique l'emportait à Athènes, par l'influence de *Cimon*, qui venait de terminer les guerres médiques en imposant aux Perses une paix qui délivrait de leur domination toutes les cités grecques du littoral de l'Asie Mineure.

Périclès se mit à la tête du parti démocratique. Il attaqua Cimon et le fit frapper d'*ostracisme* [2] ou d'exil. L'exil de Cimon laissa la place libre à Périclès, qui commença l'exécution de ses vastes projets politiques.

Périclès voulait d'abord réunir fortement autour d'Athènes les cités, îles et colonies du monde ionien. Il voulait en former une ligue puissante dont Athènes aurait été la directrice et comme la ville capitale. Athènes, maîtresse des forces du monde ionien, serait devenue supérieure à Sparte, sa rivale, et se serait ainsi placée à la tête du monde grec.

---

1. C'était le principal dieu des Grecs. On croyait qu'il habitait au sommet du mont Olympe, en Thessalie.

2. Ostracisme, du mot grec *ostracon*, coquille, parce que chaque citoyen inscrivait sur une petite coquille le nom de celui qu'on voulait exiler.

Puis Périclès voulait faire d'Athènes la plus belle ville du monde en l'ornant de monuments splendides et de toutes les merveilles des arts.

Dans cette dernière partie de son œuvre, il fut secondé par le sculpteur *Phidias*, qui éleva dans Athènes, en l'honneur de Minerve, le plus beau temple de l'antiquité, le Parthénon [1].

Mais cette force et cette prospérité d'Athènes excitèrent la jalousie de Sparte; la lutte que Périclès avait prévue éclata. Elle allait ensanglanter longtemps la Grèce, sous le nom de *guerre du Péloponèse*.

Périclès vit à peine le début de la lutte. Une peste affreuse ravagea Athènes et l'Attique, et Périclès en fut la plus illustre victime.

Périclès fut le véritable chef de la république d'Athènes; mais ce ne fut pas en s'emparant du pouvoir et en l'exerçant par la force. Il ne dut son immense autorité qu'à ses talents et à son éloquence. C'était de la tribune, en convainquant et en entraînant ses concitoyens, qu'il gouvernait la cité. Son éloquence était pleine de force et de raison et parfois éclatante et terrible. Aristophane, le poète comique, disait de lui : « C'est un tonnerre, c'est une foudre qui ébranle la Grèce. »

La plus grande liberté régnait à Athènes, et les ennemis de Périclès en profitaient contre lui. Les auteurs de comédies faisaient des pièces où ils le présentaient d'une façon ridicule sur le théâtre. Périclès laissait dire et faire. Un jour qu'il descendait de la tribune, un homme se mit à l'injurier et à l'apostropher. Périclès voulut qu'on le laissât continuer, et, toute la journée, il se promena dans Athènes, traitant tranquillement ses affaires, sans s'occuper de celui qui ne cessait de l'outrager. Le soir, Périclès rentra chez lui. Son insul-

---

1. Il y avait dans ce temple une fameuse statue de Minerve, faite en ivoire et couverte d'ornements d'or.

teur le suivait encore. Périclès appela ses serviteurs.
« Prenez des flambeaux, leur dit-il, et reconduisez cet
homme chez lui, car la nuit est bien noire. »

Une autre fois, on l'accusa de trop dépenser pour les
monuments d'Athènes. Périclès monta à la tribune.
« Vous trouvez, dit-il, que ces dépenses sont trop
grandes? — Beaucoup trop, lui cria-t-on. — Eh bien,
Athéniens, je me charge de tout. Mais alors je mettrai
seul mon nom sur ces monuments, qui m'appartien-
dront. » Les Athéniens comprirent la leçon et ne récla-
mèrent plus.

L'époque de Périclès est le temps de la plus grande
splendeur d'Athènes [1]. Elle était embellie de monuments
admirables. Elle avait un poète comique comme Aristophane, des poètes tragiques comme Sophocle et
Euripide, un peintre comme Zeuxis, un sculpteur comme
Phidias. Aussi a-t-on donné au siècle qui a produit tant
d'hommes illustres et tant de merveilles dans les sciences
et dans les arts le nom de siècle de Périclès.

CHAPITRE II

LA PHILOSOPHIE GRECQUE (SOCRATE, PLATON, ARISTOTE)

La Grèce est restée célèbre non seulement par ses
littérateurs, ses artistes, ses hommes d'Etat, ses grands
capitaines, mais encore par ses philosophes.

On appelait alors *philosophes*, c'est-à-dire amis de la
science ou de la sagesse, ceux qui se livraient à l'étude
de toutes les sciences et cherchaient à connaître les lois
de la nature et à les expliquer. Les premiers philosophes sont ceux qu'on appelle les sept Sages de la Grèce,

---

1. Il y a quatre grands siècles littéraires et artistiques : le
siècle de *Périclès*, à Athènes; le siècle d'*Auguste*, à Rome; le siècle de *Léon X*, ou la *Renaissance*, en Italie ; et le siècle de
Louis XIV, en France.

puis **Pythagore**. Ils ont posé les bases des sciences mathématiques, de la physique, et laissé des maximes morales très pures et très élevées.

Mais les successeurs de ces philosophes voulurent tout expliquer dans le monde. Comme on ne connaissait pas encore assez les diverses sciences pour savoir le faire, ils se livraient à des suppositions parfois insensées sur la manière dont s'était formé le monde, sur la figure de la terre, sur sa grandeur ou celle du soleil et des étoiles. Les philosophes étaient devenus des *sophistes*, qui ne cherchaient plus la vérité, mais qui voulaient avant tout faire briller leur esprit et leur imagination pour acquérir de la renommée ou de l'argent.

Au cinquième siècle avant Jésus-Christ, Socrate (470-400 av. J.-C.) résolut de faire oublier aux philosophes ces vaines recherches. Il voulut que leur première étude fût celle de l'homme et de la morale. « La première maxime du philosophe, disait-il, est celle qui est gravée au fronton du temple de Delphes [1] : Connais-toi toi-même. »

Il attaqua les sophistes. Il conversait avec eux partout où il les rencontrait, sur les promenades, sur les places publiques, et là, dans une conversation habile et enjouée, il parvenait à leur montrer qu'ils ne savaient rien et à le leur faire avouer à eux-mêmes.

Socrate réunit bientôt autour de lui les hommes les plus distingués d'Athènes. Mais il eut contre lui les sophistes, que ses paroles et son esprit avaient blessés et qui avaient perdu leur importance. Comme Socrate paraissait croire à un Dieu unique, on lui reprocha de mépriser la religion d'Athènes, où dominait alors la croyance en plusieurs dieux ou le *polythéisme* [2]. Il fut

_____

1. Le temple d'Apollon à Delphes était le plus renommé de la Grèce. La prêtresse du temple, la Pythie, y rendait des oracles. Elle donnait des conseils et prédisait l'avenir.

2. De deux mots grecs, *polus*, nombreux, et *théos*, Dieu.

accusé du crime d'impiété et de corrompre la jeunesse, et jeté en prison.

Conduit devant le tribunal, il refusa de défendre sa vie en répudiant ce qu'il avait enseigné. « Les dieux, dit-il, me procurent une mort honorable : c'est la seule que je puisse désirer. La postérité prononcera entre mes juges et moi. Elle me rendra cette justice que, loin de songer à corrompre mes compatriotes, j'ai travaillé à les rendre meilleurs. » Il disait encore : « Si vous me renvoyez absous à condition que je cesserai de philosopher, je vous répondrai : Athéniens, je vous honore et je vous aime ; mais j'obéirai à Dieu plutôt qu'à vous, et, tant que je respirerai, je ne cesserai de tenir à ceux que je rencontrerai mon langage ordinaire. »

Les juges le condamnèrent à mourir en buvant une coupe remplie du poison extrait de l'herbe appelée ciguë.

Reconduit en prison, Socrate consolait ses disciples. L'un d'eux témoignait sa douleur de le voir périr innocent. « Aimerais-tu mieux, dit Socrate, que je mourusse coupable? » Quelques jours après, on lui proposa de s'enfuir. « J'ai dit tout haut, répondit-il, que je préférais la mort à l'exil. Irai-je, infidèle à ma parole, montrer aux étrangers Socrate proscrit, humilié, devenu le contempteur des lois et l'ennemi de l'autorité, pour conserver quelques jours languissants et flétris? Allons, mon cher Criton, marchons sans rien craindre où Dieu nous conduit! »

Avant de boire la ciguë, Socrate entretint avec éloquence ses disciples de l'immortalité de l'âme. Puis il but le poison, s'étendit sur son lit, et, quand il sentit venir la mort, il se couvrit le visage de son manteau et expira.

Après Socrate, les plus grands philosophes de la Grèce continuèrent son œuvre et se rattachèrent à son école.

Ainsi PLATON, qui reçut les leçons de Socrate. Il nous a laissé des dialogues où il nous montre la manière dont Socrate conversait avec ses disciples et avec les sophistes, et où il nous expose les principales idées de son maître. Le style de Platon est si pur, parfois si élevé, toujours si charmant et si harmonieux, que les Grecs prétendaient que, lorsqu'il était enfant et endormi dans son berceau, les abeilles venaient déposer leur miel sur ses lèvres.

Après Platon écrivit Aristote, le plus grand des philosophes grecs (384-322 av. J.-C.).

Aristote naquit à Stagyre, en Macédoine. Il vint à Athènes suivre les leçons de Platon, qu'il allait écouter à l'*Académie* [1]. Il se fit remarquer par une intelligence si vive qu'on l'appelait l'*esprit* et qu'on ne décidait aucune question sans lui avoir demandé son avis.

Aristote voulut ensuite reprendre l'œuvre des anciens philosophes. Il se mit à étudier toutes les sciences, cherchant à se procurer les ouvrages de tous les auteurs

Aristote.

et créant ainsi, dit-on, la première des grandes bibliothèques. Il travaillait continuellement. Pour résister au sommeil, il étendait hors de son lit une main dans laquelle il tenait une boule d'airain, afin de se réveiller au bruit qu'elle faisait en tombant dans un bassin de métal.

Sa réputation devint telle que *Philippe*, roi de Macé-

1. C'était une place d'Athènes, embellie de promenades de platanes et d'oliviers et consacrée à un héros fabuleux, appelé Académus. Ce nom d'Académie a été ensuite donné aux réunions de savants, de littérateurs ou d'artistes.

doine, le choisit pour faire l'éducation de son fils *Alexandre*. « Je rends grâces aux dieux, lui écrivit-il, moins de m'avoir donné un fils que de l'avoir fait naître de votre temps. Je compte que par vos soins vous le rendrez digne de vous et de moi. » Aristote répondit à l'attente de Philippe, et Alexandre conserva toujours la plus vive reconnaissance pour son illustre maître.

Aristote n'était pas seulement remarquable par son génie, mais aussi par la bonté de son cœur. C'est lui qui a donné cette belle définition de l'amitié : « C'est une seule âme dans deux corps. »

Aristote eut des disciples. Il enseignait sa doctrine en se promenant dans un jardin qu'on appelait le Lycée [1] : d'où le nom de Lycée ou philosophes péripatéticiens [2], donné à l'école d'Aristote.

Comme Socrate, Aristote eut des ennemis acharnés. Après la mort d'Alexandre, il fut menacé d'être mis en jugement. Il s'enfuit d'Athènes et se retira dans la ville de Chalcis, dans l'île d'Eubée : « Epargnons aux Athéniens, disait-il, un nouvel attentat contre la philosophie. »

C'est à Chalcis qu'il mourut, à l'âge de soixante-trois ans.

CHAPITRE III

ALEXANDRE LE GRAND (356-323 AVANT JÉSUS-CHRIST)

Les victoires des guerres médiques avaient délivré la Grèce de l'invasion des Perses, qui voulaient la soumettre. Mais l'empire perse restait toujours puissant, et ses rois profitaient des divisions et des luttes des cités grecques entre elles pour affaiblir la Grèce et reprendre leurs anciens projets de conquête.

---

1. C'était un portique ou promenade d'Athènes sur les bords de l'Ilissus.

2. De deux mots grecs, *peri*, autour, *patein*, se promener, parce qu'Aristote se promenait en enseignant.

Au quatrième siècle avant Jésus-Christ, la Grèce tomba sous la domination des rois de Macédoine.

Philippe, roi de Macédoine, soumit par la force ou par la ruse les diverses cités grecques, toujours en lutte les unes contre les autres. Il trouva une résistance énergique dans la ville d'Athènes, qui, sous la conduite du grand orateur *Démosthène*, chercha vainement à défendre sa

Alexandre (buste antique).

liberté et celle de la Grèce contre les entreprises du monarque macédonien [1]. Démosthène et les Athéniens furent vaincus à la bataille de Chéronée, et Philippe devint maître de la Grèce.

Philippe voulut alors faire oublier aux Grecs leur liberté perdue en les unissant contre leur ennemi com-

---

[1]. C'est pour exciter les Athéniens contre Philippe que Démosthène prononça les discours appelés *Philippiques*.

mun, contre les Perses. Il avait fait d'immenses préparatifs pour conquérir l'empire perse, lorsqu'il périt
assassiné, laissant le trône à son fils *Alexandre* (336).

ALEXANDRE était alors âgé de vingt ans. Il était d'un
caractère ardent et passionné par la gloire, et il en avait
donné bien des preuves depuis son enfance.

Un jour, un Thessalien amena à la cour de Philippe
un jeune cheval que personne ne pouvait dompter et
qui effrayait les meilleurs cavaliers. Le jeune Alexandre
seul osa monter ce cheval rebelle, le maintint sous lui,
le dompta et en fit son cheval préféré. C'est ce fameux
Bucéphale qu'il monta dans toutes ses expéditions, jusqu'au moment où il le perdit sur la frontière de l'Inde.

Mais Alexandre n'était pas seulement habile aux
exercices du corps. Il eut pour précepteur le philosophe
Aristote, et il prit auprès d'un tel maître une vive admiration pour toutes les choses de l'intelligence. Il avait
sans cesse avec lui un manuscrit de l'*Iliade* d'Homère [1],
corrigé par Aristote, et ne s'en sépara jamais dans toutes
ses campagnes. Il eut une amitié très vive pour le peintre Apelle et le sculpteur Lysippe, auxquels seuls il
permettait de reproduire ses traits.

Maître de la Macédoine à l'âge de vingt ans, il reprit
les projets de son père Philippe sur l'empire perse.

Il réprima d'abord cruellement une insurrection des
Thébains, qui voulaient profiter de l'avènement d'un
jeune monarque pour s'affranchir. *Thèbes* fut détruite,
à l'exception de la maison du poète Pindare.

En 333, Alexandre passa en Asie à la tête de trente-
cinq mille hommes.

Le roi des Perses, *Darius III*, fut vaincu au Granique
et à Issus. Il réunit les dernières forces de son empire
dans les plaines d'Arbèles. Les généraux macédoniens

---

1. Homère a laissé deux poèmes épiques : l'*Iliade*, sur les luttes
des Grecs contre les Troyens devant Troie ou *Ilion*, et l'*Odyssée*,
sur les aventures d'Ulysse (en grec *Odysseus*) lorsqu'il revint
dans son royaume d'Ithaque, après la prise de Troie.

furent un instant effrayés à la vue de cette immense armée. Alexandre était tranquille et sûr du succès. Il dormit profondément la veille de la bataille, et il fallut le réveiller de son calme sommeil pour marcher au combat.

La famille de Darius tomba entre ses mains. Alexandre se montra plein de clémence et de générosité pour la mère et l'épouse du roi vaincu; et, quelques jours après, ayant appris que Darius avait été assassiné dans sa fuite, il versa des larmes sur le corps de son ennemi et lui fit rendre tous les honneurs funèbres que les Perses rendaient à leurs rois.

Maître de tout l'empire perse, Alexandre voulut aller conquérir l'Inde. Il fit alliance avec le roi indien *Taxile*, battit le roi *Porus*, qui refusa fièrement son alliance, le fit prisonnier [1] et le traita royalement. Maître du bassin de l'Indus, il revint à Babylone et fit une entrée triomphale pour célébrer ses immenses conquêtes.

Les conquêtes d'Alexandre ont été utiles à l'humanité.

D'abord, de tous les pays conquis, il envoyait des observations curieuses, des plantes, des animaux rares à son maître Aristote pour l'aider dans ses grands travaux scientifiques.

Puis il fit tous ses efforts pour répandre la civilisation grecque dans l'Asie, qu'il avait soumise. Il créa sur les frontières de l'Inde des villes nombreuses pour servir de centres commerciaux avec l'Asie orientale [2]. Il fonda aux bouches du Nil, sur la Méditerranée, la ville d'**Alexandrie**, qui devait être le lien entre les mers qui baignent le monde asiatique et indien et les mers

---

1. Après la bataille, Alexandre fit amener devant lui Porus et lui demanda comment il voulait être traité. « En roi ! » répondit fièrement le monarque captif. Alexandre admira cette réponse, et Porus fut traité comme il le désirait et comme il l'avait mérité.

2. Plusieurs de ces villes, qui portaient toutes le nom d'Alexandrie, existent encore : ainsi Candahar, dans l'Afghanistan.

qui baignent le monde grec, entre l'océan Indien et la Méditerranée [1].

Ces œuvres immenses furent accomplies dans l'espace de dix ans (333-323 av. J.-C.). Alexandre n'eut pas le temps d'achever son œuvre. Mais ses efforts ne furent pas vains. Les germes qu'il avait semés se développèrent après sa mort, et l'on vit les pays soumis par Alexandre devenir des royaumes puissants, remplis de villes nombreuses et prospères où l'on parlait la langue grecque.

Malheureusement, Alexandre gâta ses belles qualités par un orgueil et des colères qui lui firent commettre de véritables crimes.

Un jour, dans l'enivrement de ses victoires, il voulut se faire adorer comme une sorte de dieu, suivant les habitudes despotiques des rois de Perse. Il trouva des résistances chez les Grecs, qui considéraient ces coutumes serviles comme indignes d'un homme. Alexandre, furieux, tua, dans un accès de colère, son meilleur ami, *Clitus*, qui lui avait sauvé la vie au passage du Granique. Quelque temps après, il faisait torturer et mourir dans une cage de fer le philosophe *Callisthène*, qui s'était moqué de ses prétentions tyranniques et ridicules.

Mais ces crimes ne doivent pas faire oublier les services rendus par le héros macédonien. Il faut se rappeler que l'assassin de Clitus et de Callisthène a été le fondateur d'Alexandrie.

---

1. Alexandrie fut la capitale du royaume d'Egypte sous les *Lagides* ou descendants de Ptolémée *Lagus*. Elle fut le centre d'un admirable mouvement commercial, littéraire et surtout scientifique. Sa bibliothèque était la plus fameuse de l'antiquité.

TROISIÈME PARTIE
RÉPUBLIQUE ROMAINE

CHAPITRE PREMIER

SCIPION (235-183 AVANT JÉSUS-CHRIST)

Le monde connu des anciens se composait des régions groupées autour du bassin de la Méditerranée. Vers le quatrième siècle avant Jésus-Christ, elles étaient divisées en parties distinctes et très différentes les unes des autres. Les unes étaient arrivées au plus haut degré de civilisation, c'étaient les cités grecques ; les autres formaient des Etats puissants et prospères, comme le royaume de Macédoine, le royaume de Syrie, le royaume d'Egypte, débris du vaste empire formé par Alexandre ; d'autres étaient encore à l'état

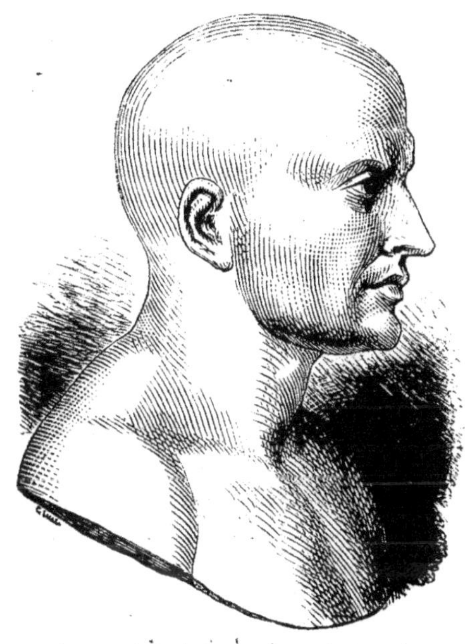

Scipion (buste antique).

barbare, remplies de peuplades mal organisées et presque toujours en lutte les unes contre les autres : ainsi la Gaule et l'Espagne. La plus grande partie du commerce maritime était aux mains de la ville phénicienne de Carthage.

Toutes ces régions furent successivement conquises par les légions romaines.

Le résultat de cette conquête fut de mettre fin aux rivalités et aux luttes qui mettaient souvent aux prises ces nations diverses. Elles se fondirent dans un seul empire, l'empire romain, ou, comme on disait aussi, dans la paix romaine. Bientôt une civilisation commune unit les nations en paix autour du bassin de la Méditerranée.

Parmi les grands hommes qui accomplirent ces conquêtes utiles à l'humanité, un des plus remarquables fut Scipion *l'Africain*.

Publius Cornelius Scipion naquit l'an 235 avant Jésus-Christ, l'an 518 après la fondation de Rome. Il fit ses premières armes à l'âge de dix-sept ans, au début de la seconde guerre punique [1] ou de la seconde lutte de Rome contre Carthage. Il assistait à la bataille du Tésin, où son père, qui commandait les Romains, fut vaincu par Annibal. Il eut même le bonheur de sauver la vie à son père, qui était tombé grièvement blessé sur le champ de bataille.

Deux ans après, lorsque l'armée romaine fut anéantie par Annibal dans les plaines de Cannes, Scipion fut un de ceux qui ne perdirent pas courage. Après la défaite, une légion sans commandant s'enfuyait du côté de Rome. Scipion l'arrête, en prend le commandement, reforme les soldats et dit à ceux qui voulaient fuir encore : « Je jure que mon épée percera le cœur du premier de vous qui s'en ira du côté de Rome. Je jure aussi de ne jamais trahir la cause de la république. Allons, vous tous qui êtes ici, prêtez le même serment ! »

Mais, en 211, on apprit à Rome une terrible nouvelle. Le père et l'oncle de Scipion, qui luttaient en Espagne contre les Carthaginois, avaient été vaincus et tués par Asdrubal, le frère d'Annibal, et leur armée avait été presque complètement détruite. Aucun général n'osait demander à aller venger ce désastre. Scipion,

---

1. Punique, du mot latin *Pœnus*, Phénicien, c'est-à-dire guerres phéniciennes, parce que les Carthaginois étaient des Phéniciens (voy. le chap. suivant).

âgé de vingt-quatre ans, se présenta hardiment devant le peuple : « Je suis Scipion, s'écria-t-il ; qu'on me donne le commandement de l'armée ; j'irai venger à la fois mon père et mon oncle. Entre ces deux tombeaux, je saurai gagner des victoires. Je sens que j'ai tout ce qu'il faut pour vaincre. » Il fut nommé général, et, quelques mois après, les Romains apprenaient la prise de Carthagène [1], la capitale des Carthaginois en Espagne.

A ce courage, à cette fermeté patriotique, à cette noble confiance en lui-même, Scipion joignait un esprit charmant, un caractère doux et aimable qui lui gagnait tous les cœurs. Sa piété filiale était citée en exemple. Il avait eu, nous l'avons dit, le bonheur de sauver la vie à son père, puis de venger sa défaite et sa mort. Il était aussi admirable par sa vénération profonde pour sa mère.

Lorsqu'il demanda la direction de la guerre en Espagne, on lui reprochait sa jeunesse. « Ne craignez rien, répondit-il, c'est un défaut dont je me corrige tous les jours. »

Les lois de la guerre étaient atroces dans l'antiquité. Les vaincus étaient la proie du vainqueur, qui pouvait les massacrer ou les réduire en esclavage. Scipion se montra souvent clément pour ses ennemis, surtout en Espagne, où sa générosité lui gagna les peuplades du pays, qui abandonnèrent les Carthaginois pour passer du côté des Romains. Il eut ainsi, le premier, la gloire de rattacher l'Espagne à la domination et à la civilisation romaines.

Enfin, il donna à Rome la suprématie définitive sur Carthage, par la victoire décisive qu'il gagna sur Annibal, aux portes même de Carthage, dans les plaines de Zama. Après la bataille et le traité de paix, les deux adversaires causaient familièrement sur l'art militaire. « Quel est à votre avis le plus grand homme de guerre

1. Carthagène veut dire la nouvelle Carthage. Elle avait été fondée après la conquête de l'Espagne par Amilcar Barca, père d'Annibal.

qui ait existé? demanda Scipion. — C'est Alexandre, roi de Macédoine, répondit Annibal. — Et après Alexandre? — C'est Pyrrhus, roi d'Epire [1]. — Mais après Pyrrhus? — C'est moi-même! dit fièrement le Carthaginois. — Et si vous m'aviez vaincu? ajouta en souriant Scipion. — Oh! alors, dit Annibal, je me mettrais au-dessus de tous les autres. » Scipion revint à Rome et fut récompensé de ces immenses succès par le surnom de *l'Africain*.

Cependant Scipion avait à Rome des ennemis qui ne lui pardonnaient pas sa gloire et son influence sur le peuple. A leur tête était Caton, qui ne négligeait aucune occasion de décrier les actes de ce grand homme et, comme le dit Tite-Live, d'aboyer sans cesse contre lui. Caton crut avoir trouvé une occasion favorable pour frapper son adversaire, lorsque Scipion revint d'une campagne glorieuse en Asie contre Antiochus, roi de Syrie, où il avait servi de lieutenant à son frère, Lucius Scipion l'Asiatique. Des sommes immenses avaient été dépensées. Scipion fut traduit devant le peuple, comme s'il en avait gaspillé ou gardé une partie. Mais le jour de l'accusation se trouvait justement le jour anniversaire de la victoire de Zama. Scipion en profita pour faire rougir les Romains de leur conduite envers lui. On attendait qu'il se justifiât. « Romains, s'écria-t-il, c'est à pareil jour que j'ai remporté une victoire éclatante sur Annibal et les Carthaginois. Comme il convient, au souvenir d'une telle journée, de suspendre les procès et les accusations, je vais au Capitole rendre grâces à Jupiter et le remercier de m'avoir permis de servir glorieusement la république. Suivez-moi, Romains, et venez avec moi prier les dieux de vous donner toujours des chefs qui me ressemblent. » Le peuple se leva, suivit

1. Pyrrhus, roi d'Epire, avait été le plus redoutable adversaire des Romains dans la guerre par laquelle ils conquirent Tarente et l'Italie méridionale (280-270 av. Jésus-Christ).

Scipion avec enthousiasme, et les accusateurs restèrent seuls sur le Forum.

Mais les accusations odieuses recommencèrent, et Scipion, plein du dégoût de ces attaques, abandonna Rome, pour aller vivre dans la retraite, dans sa maison de campagne de Liternum, en Campanie. Il y mourut triste et profondément affligé de voir les Romains oublieux de ses services. Aussi défendit-il qu'après sa mort on ramenât son corps à Rome, et il voulut qu'on gravât sur son tombeau : « Ingrate patrie, tu n'auras pas mes os ! »

CHAPITRE II

ANNIBAL (247-183 AVANT JÉSUS-CHRIST)

L'adversaire le plus redoutable de Rome fut la colonie phénicienne de CAR-THAGE.

Les *Phéniciens* étaient les plus grands marins de l'antiquité [1]. Leurs villes principales furent Sidon et Tyr, sur les côtes de Syrie. Ils établirent des colonies sur la côte septentrionale de l'Afrique et en Espagne. La plus prospère de ces colonies fut Carthage.

Annibal (médaille antique).

Carthage devint bientôt la première ville du monde phénicien. Sa marine dominait sur la Méditerranée. Pour assurer sa puissance sur cette mer, elle voulait

---

1. Parmi les grands services qu'ils ont rendus à l'humanité, il faut citer l'invention de l'alphabet.

s'emparer de la Sicile. C'est à propos de la possession de cette île que commença la longue lutte entre Rome et Carthage. Elle comprend trois grandes guerres, appelées *guerres puniques*, c'est-à-dire, *guerres phéniciennes*.

Dans la seconde guerre punique, Carthage fut sur le point de l'emporter, grâce au génie de son plus grand homme, *Annibal*, fils d'*Amilcar Barca* [1].

ANNIBAL passa presque toute sa vie dans les camps. A l'âge de neuf ans, voyant son père, Amilcar, partir pour faire la conquête de l'Espagne, il le supplia de l'emmener avec lui. « J'y consens, répondit Amilcar, mais à condition que tu jureras dès maintenant une haine éternelle aux Romains. » L'enfant prêta avec ardeur ce serment, auquel il resta fidèle toute sa vie.

Pendant la conquête de l'Espagne, Annibal y donna de telles preuves de talents militaires et frappa si vivement l'esprit des soldats, dont il partageait les travaux et les fatigues, que ceux-ci, après la mort de son père et de son oncle, le demandèrent unanimement pour général.

Annibal avait alors vingt-sept ans. Il songea aussitôt à venger sa patrie des défaites qu'elle avait subies pendant la première guerre punique et à porter la guerre en Italie.

Il réunit son armée en Espagne, passe les Pyrénées, traverse le sud de la Gaule, franchit le Rhône et se trouve en présence des Alpes. Il fallait traverser trois cents kilomètres d'un pays couvert de montagnes dont quelques-unes dépassent trois mille mètres, marcher souvent le long des précipices, sur des pentes blanchies de neiges éternelles. Il fallait accomplir ce passage avec une armée de quarante mille hommes, avec ses bagages, sa cavalerie, ses éléphants, que les Carthaginois employaient dans les batailles; et tout cela dans une région alors presque inconnue, sans routes tracées et

1. Amilcar Barca avait été le plus grand général de Carthage pendant la première guerre punique.

au milieu de populations barbares et hostiles. Annibal triompha de toutes ces difficultés; mais, lorsqu'il arriva dans les plaines de l'Italie septentrionale, dans la vallée du Pô, il n'avait plus que vingt mille hommes.

Il gagna les batailles du Tésin, de la Trébie, refit son armée avec les Gaulois qui arrivaient en foule autour de lui [1]. Il traversa péniblement les marais de l'Arno et y perdit un œil. Mais il fut encore vainqueur au lac Trasimène et anéantit toute une armée romaine dans les plaines de Cannes.

Rome était perdue si elle n'avait pu opposer au plus grand génie militaire qui eût jamais paru, la plus grande des vertus romaines, l'amour de la patrie, qui rendait les Romains invincibles. Rome leva des armées nouvelles et trouva des généraux capables de tenir tête à Annibal. Ainsi le prudent Fabius, qu'on appelait le bouclier de Rome et qui épuisait les troupes d'Annibal sans vouloir livrer de ces grandes batailles où le génie du Carthaginois avait si souvent triomphé. Ainsi Marcellus, appelé l'épée de Rome, et qui, le premier parmi les généraux romains, vainquit Annibal en bataille rangée. Ainsi surtout Scipion l'Africain, qui conquit l'Espagne, porta la guerre en Afrique et parut sous les murs de Carthage.

Carthage menacée rappela pour sa défense Annibal, qui depuis douze ans se maintenait dans l'Italie méridionale par son seul génie militaire, contre la plus grande partie des forces romaines. Annibal abandonna en pleurant cette terre d'Italie où il avait remporté de si grands succès, où pendant quelque temps il avait pu croire qu'il s'emparerait de Rome. Il fallait revenir au contraire défendre sa ville natale, assiégée par les Romains vainqueurs.

---

1. Ce sont les Gaulois de l'Italie septentrionale, de la vallée du Pô, qu'on appelait alors Gaule cisalpine, c'est-à-dire Gaule en deçà des Alpes, par rapport à Rome.

Avec les troupes qui lui restaient, Annibal fut vaincu par Scipion à Zama, et Carthage dut abandonner aux Romains toute sa flotte de guerre et tout ce qu'elle possédait en dehors de son territoire d'Afrique.

Annibal cependant n'avait pas perdu courage. Il voulait réorganiser sa patrie, habituer tous les citoyens à porter les armes et reprendre la lutte. Les Romains, inquiets, exigèrent qu'Annibal fût exilé de Carthage.

Annibal se retira en Syrie, près du roi Antiochus, et l'excita à faire la guerre aux Romains. Antiochus s'y décida. Mais, dans ses préparatifs de guerre, il ne voulut pas suivre les conseils d'Annibal. Il était fier de son immense armée, couverte d'armes brillantes et dont quelques corps portaient des ornements d'or et d'argent. Il la passait en revue et la montrait avec orgueil à Annibal. « Ne crois-tu pas, lui dit-il, qu'il y en a assez pour les Romains ? — Oui, répondit Annibal, il y en a assez pour eux, quelque avides qu'ils soient. » Antiochus fut vaincu par Lucius Scipion l'Asiatique, aidé de son frère Scipion l'Africain, et dut chasser Annibal de chez lui.

Annibal se réfugia à la cour de Prusias, roi de Bithynie. Là, il cherchait encore des ennemis à Rome, et ses conseils étaient écoutés par le fils de Prusias, le jeune et fier Nicomède [1]. Les Romains envoyèrent une ambassade à Prusias pour demander qu'on leur livrât cet ennemi infatigable. Prusias y consentit.

Mais Annibal ne voulut pas tomber vivant aux mains de ses ennemis, et être transporté captif à Rome pour servir de spectacle aux Romains. Il portait toujours avec lui un poison violent contenu dans une grosse bague. Il le but en s'écriant : « Délivrons enfin les Romains d'une crainte perpétuelle. »

Il mourut laissant la réputation du plus grand général de l'antiquité, et, ce qui vaut mieux, l'exemple

---

1. Voir la belle tragédie de Corneille, *Nicomède.*

admirable d'un grand homme qui ne peut se résoudre à accepter comme définitive la défaite de sa patrie, et jusqu'à son dernier soupir cherche quelque moyen de lui rendre sa gloire et son indépendance [1].

CHAPITRE III

CÉSAR (101-44 AVANT JÉSUS-CHRIST)

Caïus Julius CÉSAR, le plus grand homme d'État de l'antiquité, si célèbre aussi comme général et comme littérateur, naquit à Rome l'an 101 avant Jésus-Christ.

Sa famille était la plus noble des familles romaines [2]. Cependant elle s'était montrée favorable au parti populaire. Une grand' tante de César avait épousé Marius, le paysan d'Arpinum qui, grâce à ses talents militaires, avait été sept fois consul et avait sauvé Rome de la terrible invasion des Cimbres et des Teutons.

Au moment où naquit César, le parti populaire avait été frappé de terreur par la dictature sanglante de *Sylla*. Les grands, tout-puissants, abusaient de leur pouvoir. Ils pillaient les provinces où ils étaient envoyés comme gouverneurs. Il y avait des plaintes partout, à Rome et dans les provinces. Si l'Italie était ravagée par les guerres civiles, les pays conquis étaient écrasés d'impôts. Il semblait que la puissance romaine allait tomber en ruine.

César devait assurer le triomphe du parti populaire et réorganiser l'empire romain.

---

1. Après la mort d'Annibal éclata la troisième guerre punique. Elle se termina par la prise et la destruction de Carthage par Scipion Émilien, qu'il ne faut pas confondre avec Scipion l'Africain dont nous avons parlé. Scipion Émilien fut surnommé le second Africain.

2. C'était la *gens Julia*. Elle prétendait descendre d'*Iule* ou Ascagne, fils d'Enée, qui après la prise de Troie, disaient les vieilles légendes, avait conduit en Italie les Troyens, ancêtres des grandes familles romaines.

César commença à être connu à Rome à l'âge de dix-huit ans. Il osa tenir tête au terrible dictateur Sylla. Celui-ci voulut d'abord le faire périr. Supplié de tous côtés de lui faire grâce, il y consentit, mais en disant : « Je l'épargnerai, puisque vous le voulez ; mais prenez garde, il y a dans ce jeune homme plusieurs Marius. »

César quitta quelque temps Rome pour aller voyager en Orient. Sur mer, il tomba aux mains des pirates qui ravageaient la Méditerranée. Ceux-ci lui demandèrent vingt talents [1] pour sa rançon. « Je vous en donnerai cinquante, dit César, mais je vous ferai pendre. » Les pirates se mirent à rire ; mais, aussitôt libre, César équipa

César.

plusieurs vaisseaux, fit une chasse active aux pirates et en débarrassa pour quelque temps les côtes d'Asie.

De retour à Rome, il se présenta aux suffrages du peuple pour être nommé édile [2]. Il fut élu et fit alors replacer au Capitole les trophées et la statue de Marius, que Sylla avait renversés. C'était annoncer au parti populaire que Marius allait avoir un successeur. Puis il donna aux Romains des jeux magnifiques, qui lui concilièrent de plus en plus l'affection du peuple.

Connu par son courage, son attachement à la cause populaire et ses profusions, César n'était pas moins

---

1. Le *talent* valait environ 5,500 francs.
2. Les édiles étaient chargés de l'entretien des édifices sacrés (*ædes*) et de l'administration des jeux publics.

puissant par son éloquence. Ses discours pleins d'élégance et de clarté le placèrent au premier rang des orateurs. Il obtint bientôt du peuple le grand pontificat, qui lui donnait l'administration de toute la religion romaine et la préture ou le gouvernement de l'Espagne. En traversant les Alpes pour aller en Espagne, César passa par un misérable village. « Mes amis, dit-il, vous voyez ce pauvre hameau. Eh bien, j'aimerais mieux être le premier ici que le second dans Rome. »

Au retour de sa préture, il trouva Rome dans le plus grand désordre. Un noble ruiné, perdu de dettes et de crimes, Catilina, avait failli s'emparer du pouvoir. Ceux qui se sentaient quelque puissance, *Crassus*, célèbre par ses immenses richesses, le grand *Pompée*, illustre par ses victoires, cherchaient à dominer dans l'État. Tout tendait à la dictature.

César s'unit un instant avec Crassus et Pompée et forma avec eux un *triumvirat* [1].

Grâce à cet appui, il obtint d'abord le consulat, puis le gouvernement de la Gaule cisalpine et de la Narbonnaise [2]. Il résolut alors de conquérir la gloire militaire. la seule qui lui manquât, en s'emparant de toute la Gaule entre les Pyrénées, l'Océan et le Rhin.

Mais il y avait aussi des raisons plus élevées qui engageaient César à conquérir la Gaule, encore partagée entre des peuples ou confédérations souvent en lutte les unes contre les autres. Les peuples de la Germanie ou Allemagne commençaient à franchir le Rhin. On avait vu les Cimbres et les Teutons ravager la Gaule, détruire quatre armées romaines et menacer l'Italie. Si les Gaulois s'unissaient à ces barbares, l'Italie pouvait être conquise, Rome détruite, comme elle l'avait été jadis par

1. C'est-à-dire union de trois hommes (*tres viri*) pour gouverner l'État.

2. On appelait ainsi la partie de la Gaule baignée par la Méditerranée. Elle était province romaine, et sa principale ville en était Narbonne.

le Gaulois Brennus, et la civilisation ancienne répandue par Rome dans toutes les nations qu'elle avait conquises disparaissait avec l'empire romain.

César, en conquérant la Gaule, voulait la rattacher à la civilisation romaine et en faire le rempart de Rome contre les invasions germaines.

Mais les Gaulois se défendirent bravement, surtout sous la conduite de *Vercingétorix*. Enfin, le héros de l'indépendance gauloise fut pris dans Alésia [1], et la Gaule fut soumise.

César, qui, suivant la coutume antique, s'était montré impitoyable pendant la guerre, se montra plein de clémence après la soumission. Il aima et protégea les Gaulois, leva parmi eux une légion appelée la légion de l'Alouette et fit plus tard admettre des Gaulois dans le Sénat romain.

La Gaule conquise, César revint en Italie. A ce moment l'aristocratie et le Sénat avaient pris pour chef Pompée, qui exerçait dans Rome une véritable dictature. Sur les conseils de Pompée, le Sénat ordonna à César de licencier son armée. César y consentait, à condition que Pompée, lui aussi, abandonnerait la sienne. Celui-ci ne voulut pas. César, arrivé sur les bords du Rubicon [2], petit fleuve qu'un général ne pouvait passer avec son armée sans l'autorisation du Sénat, se décida à arracher le pouvoir à l'aristocratie romaine. « Le sort en est jeté ! » s'écriat-il, et il franchit la rivière pour marcher sur Rome.

Pompée s'enfuit précipitamment en Grèce. Mais il avait laissé sa meilleure armée en Espagne. César résolut de la lui enlever. « Allons en Espagne, dit-il ; nous y battrons

---

1. Aujourd'hui très probablement le mont Auxois, près d'Alise-Sainte-Reine, dans la Côte-d'Or. Vercingétorix, réduit à la famine, vint se livrer noblement à César, qui se montra impitoyable envers lui, comme on l'était alors envers les ennemis étrangers, le garda pour son triomphe et le fit mourir dans sa prison.

2. Le Rubicon se jette dans l'Adriatique. Il séparait ce qu'on appelait alors l'Italie proprement dite de la Gaule cisalpine.

une armée sans général, puis nous reviendrons battre un général sans armée. » Et, en effet, l'armée de Pompée, mal commandée par ses lieutenants, fut bientôt dispersée.

Pendant ce temps, Pompée avait réuni à la hâte des forces nombreuses, mais mal organisées. César, avec des forces inférieures, voulut l'assiéger dans son camp près de Dyrrachium ; il échoua. Mais on vit, dans ce siège pénible, combien les soldats de César lui étaient dévoués. Ils manquaient de vivres et étaient réduits à faire des galettes informes avec des racines et des écorces d'arbre. Ils en jetaient encore une partie dans les retranchements des soldats de Pompée, en leur criant qu'ils supporteraient encore bien d'autres privations plutôt que d'abandonner leur général.

C'est encore pendant ce siège que César voulut traverser l'Adriatique pour aller presser en Italie son lieutenant Antoine, qui devait lui amener de nouvelles légions. Il monta dans une simple barque dont le maître ne le connaissait pas. Une bourrasque terrible s'éleva ; le marin commençait à donner des signes de frayeur. « Que crains-tu ? lui dit alors César d'une voix ferme. c'est César que tu mènes avec toi ! »

Quelque temps après, Pompée était complètement battu dans les plaines de *Pharsale*. Il s'enfuyait et allait périr misérablement, assassiné par ordre du roi d'Egypte Ptolomée XII, qui croyait plaire à César par ce crime et eut l'audace de lui présenter la tête de son rival.

Mais César versa des larmes à cette vue et punit Ptolémée en lui enlevant son royaume, qu'il donna à sa sœur *Cléopâtre*.

Assuré de l'alliance de l'Egypte, César voulut aller châtier le roi des Parthes, qui, quelques années auparavant, avait tué Crassus et détruit une armée romaine. Les Parthes se soumirent aussitôt, et César put envoyer au Sénat la relation de sa campagne en trois mots : « *Veni, vidi, vici* : Je suis venu, j'ai vu, j'ai vaincu. »

L'armée qui soutenait le Sénat et la vieille constitution romaine s'était reformée en Afrique, avec un ancien lieutenant de César, Labienus, et Caton. César la battit à Thapsus et alla assiéger Caton dans Utique. Celui-ci ne voulut pas tomber vivant aux mains de son vainqueur. La nuit qui précéda la reddition de la ville, après avoir lu le dialogue de Platon sur l'immortalité de l'âme, il se perça de son épée.

César revint à Rome et reçut la dictature perpétuelle. Contrairement à Sylla, qui avait épouvanté l'Italie par ses proscriptions, César se montra d'une clémence extrême pour ses ennemis vaincus.

Il s'occupa alors de réorganiser l'empire romain. Il se montra plein de bienveillance pour les provinces et fit reconstruire Corinthe et Carthage, qui redevinrent des cités prospères.

C'est aussi César qui substitua aux anciens calendriers, faits d'après les phases de la lune, le calendrier fait d'après le mouvement de la terre autour du soleil, et qu'on appelle le calendrier solaire ou julien [1].

César songeait à donner à l'empire romain, pacifié, un gouvernement régulier et une constitution nouvelle. Il était préoccupé de ces grandes pensées, lorsqu'on l'accusa de vouloir rétablir la royauté dans Rome.

Une conspiration se forma, à la tête de laquelle étaient Cassius et Brutus que César aimait comme un fils adoptif. Un jour que César se rendait au Sénat, les conjurés l'entraînèrent et le frappèrent au pied de la statue de Pompée. César se défendit quelque temps. Mais quand il vit Brutus, au nombre des assassins, il s'écria : « Et toi aussi, mon fils ! » Alors il se couvrit la tête de sa toge et se laissa achever [2].

---

1. Ce calendrier contenait encore une erreur, qui fut corrigée par ordre du pape Grégoire XIII en 1582, d'où son nom de calendrier grégorien.

2. Comme écrivain, César a laissé des *Mémoires* ou *Commentaires* sur la guerre des Gaules et la guerre civile. On en admire le style pur, simple et concis.

Cet odieux assassinat, qui supprimait le seul homme capable de constituer fortement l'empire romain, replongea l'Italie et les provinces romaines dans les guerres civiles et l'anarchie d'où le monde ne sortit qu'au temps d'Auguste.

CHAPITRE IV

CICÉRON (107-43 AVANT JÉSUS-CHRIST)

Lorsque les Romains firent la conquête de l'Italie méridionale et de la Grèce, ils furent frappés de la civilisation brillante des pays qu'ils avaient soumis. Ils admirèrent les œuvres merveilleuses que les Grecs avaient produites dans les lettres et dans les arts, et ils eurent honte de leur grossièreté.

Bientôt les familles les plus illustres apprirent la langue grecque, ornèrent leurs maisons de chefs-d'œuvre artistiques et attirèrent près d'elles des littérateurs. La maison des Scipions se distingua entre toutes par son goût pour les arts et la littérature. Puis, à l'exemple des grands écrivains de la Grèce, les écrivains romains se formèrent. La langue latine, d'abord rude et sévère, devint plus souple et plus élégante. Enfin, au temps de César, Rome avait des écrivains qui produisaient des chefs-d'œuvre égaux à ceux qu'avaient laissés les plus beaux génies de la Grèce.

Marcus Tullius CICÉRON fut le plus grand orateur et le plus grand écrivain en prose de la littérature latine. De plus, il fut aussi remarquable par l'usage qu'il fit de ses talents que par ses talents eux-mêmes.

Cicéron naquit à Arpinum, l'an 107 avant Jésus-Christ. Dans sa jeunesse, il étudia avec passion la littérature grecque et surtout les orateurs et les philosophes. Il alla même en Grèce pour compléter ses études et recevoir les leçons des maîtres grecs qui enseignaient à Athènes et à Rhodes.

Il eut bientôt à Rome une grande réputation comme orateur et brigua alors les charges publiques. Il fut envoyé comme questeur [1] en Sicile. Là, il reçut les plaintes des Siciliens, qui avaient été indignement pillés par un préteur nommé *Verrès*. Cicéron leur promit de les venger, et, lorsqu'il revint à Rome, il demanda qu'on fît le procès de Verrès. Il composa contre ce gouverneur indigne quatre discours appelés les *Verrines*, et Verrès, menacé d'un sévère châtiment, s'enfuit de Rome.

Mais, quelque temps après, la république romaine fut exposée à un immense danger. Les odieuses proscriptions de Sylla contre le parti populaire avaient laissé partout des souvenirs cruels et des sentiments de vengeance. Un homme audacieux, perdu de dettes et de crimes, *Catilina*, résolut de réunir autour de lui les mécontents pour renverser le Sénat et s'emparer du souverain pouvoir. Il demandait le consulat et menaçait de faire

Cicéron.

assassiner celui qui se présenterait contre lui pour l'obtenir. Cicéron seul eut ce courage et fut élu.

Devenu consul, Cicéron rallia autour de lui tous ceux qu'effrayaient les projets criminels et la scélératesse

1. Les questeurs provinciaux étaient placés près des préteurs ou gouverneurs des provinces. C'étaient eux qui administraient les finances de la province.

si connue de Catilina. Il donna du courage à tous. Il força Catilina à sortir de Rome, après l'avoir apostrophé en plein Sénat par un discours fameux qu'on appelle la première *Catilinaire* [1]. Puis il fit arrêter les conjurés, les fit condamner à mort par le Sénat et étrangler dans leur prison.

Ce fut le moment le plus beau de la vie de Cicéron. Il avait sauvé Rome et reçut du peuple reconnaissant le titre de *Père de la patrie*.

Après la défaite de Pompée à Pharsale et pendant la dictature de César, Cicéron se tint à l'écart des affaires publiques. Il vécut dans sa maison de campagne de Tusculum, et écrivit des traités philosophiques qui répandirent chez les Romains les plus hautes leçons de la philosophie grecque. Le plus célèbre de ces traités est celui des *Devoirs*.

Cicéron ne sortit de sa retraite que pour remercier César de la douceur qu'il avait montrée après ses victoires, et il fit dans le Sénat un admirable éloge de la clémence du dictateur [2].

César ayant été assassiné, les guerres civiles recommencèrent. Cicéron crut qu'il pourrait ranimer l'ancienne constitution romaine et rendre au Sénat son pouvoir en attaquant *Antoine*, le lieutenant de César, qui voulait continuer à son profit la dictature. Il prononça contre Antoine ses violentes *Philippiques* [3] et lui opposa le jeune neveu de César, *Octave*, qui n'avait que dix-neuf ans et semblait peu redoutable.

Mais il apprit bientôt qu'Antoine et Octave s'étaient unis pour s'emparer du pouvoir, et s'étaient promis

1. Il y eut quatre discours de ce nom, prononcés l'un contre Catilina, les autres relativement à la conjuration.

2. C'est le *Pro Marcello* ou pour Marcellus, prononcé pour obtenir le rappel de Marcellus, ami de Cicéron et exilé. César le rappela immédiatement.

3. Cicéron appela ainsi ces discours en souvenir de ceux que Démosthène avait jadis prononcés contre Philippe.

mutuellement de mettre à mort leurs ennemis dans de nouvelles proscriptions. Antoine exigea qu'on mît à mort Cicéron, et Octave lui sacrifia celui que, peu de jours avant, il appelait son maître et son père.

Cicéron chercha d'abord à s'enfuir. Il essaya de s'embarquer ; mais le mauvais temps le retint. Il fut alors atteint par les soldats qui le poursuivaient, et, décidé à mourir, il leur présenta la tête, qu'ils tranchèrent à coups d'épée.

La vengeance d'Antoine n'était pas complète. Il voulut que la tête et les mains de Cicéron fussent clouées sur le Forum à la tribune, où il avait prononcé de si beaux discours. Octave y consentit encore.

Cependant, au fond du cœur, Octave gardait le souvenir du grand orateur qu'il avait aimé. Devenu maître de l'empire romain sous le nom d'Auguste, il surprit un jour un de ses neveux lisant un volume que celui-ci cacha vivement à la vue de son oncle. Auguste voulut le voir. Le jeune homme le lui donna. C'était un des ouvrages de Cicéron. Auguste prit le livre, le lut quelque temps en silence, puis le tendit de nouveau à son neveu : « Lis, mon fils, lui dit-il, tu as raison. C'est l'œuvre d'un grand homme et qui aimait bien sa patrie. »

Ce jugement d'Auguste est celui de la postérité.

CHAPITRE V

VIRGILE (70-19 AVANT JÉSUS-CHRIST)

Le plus beau développement de la littérature latine eut lieu sous le gouvernement d'AUGUSTE. Rome, pacifiée et reconnaissante, fière de sa puissance, de ses monuments, de ses prosateurs et de ses poètes, éleva des autels à celui qui lui avait donné cette paix glorieuse et le plaça au rang des dieux. L'histoire a donné le nom de *siècle d'Auguste* à la plus belle période de la littérature latine.

Auguste avait pour ami et pour conseiller un homme

plein de goût et d'esprit, *Mécène*. C'est lui qui fit connaître à Auguste les deux meilleurs poètes de son temps, *Horace* et *Virgile*. Auguste les eut bientôt tous les deux en vive amitié.

Virgile naquit au village d'Andes, près de Mantoue. Il se forma par la lecture assidue des poètes grecs. Il était déjà connu par quelques poésies lorsque éclatèrent les guerres civiles qui suivirent la mort de César. Octave voulut récompenser les soldats qui l'avaient servi en leur donnant des terres en Italie, et le père de Virgile fut dépossédé d'un petit domaine qui faisait toute sa fortune. Virgile s'adressa à Mécène, qui lui fit rendre le bien paternel, et il adressa en remerciement à Octave la première de ses *églogues*.

Virgile.

Cependant Octave, devenu Auguste, avait les plus grands projets sur l'Italie. Il lui avait rendu la paix, il voulait lui rendre la prospérité en ranimant l'agriculture. Virgile voulut seconder les vues d'Auguste en employant son génie à une œuvre utile, à un poème qui inspirât aux Romains l'amour de la campagne, en leur donnant à la fois des préceptes d'agriculture et en leur montrant la beauté et l'utilité de la vie agricole. Tel est le but des quatre chants du poème des *Géorgiques* [1].

Virgile fit plus encore. Il avait étudié les origines de Rome, il était nourri de ses vieilles légendes. Frappé des humbles commencements de la Ville éternelle et de la

1. *Géorgiques*, de deux mots grecs, *gé*, terre, et *ergon*, œuvre, poème ayant pour objet le travail de la terre.

splendeur à laquelle elle était arrivée sous Auguste, car elle était la capitale et la maîtresse du monde connu, il voulut élever, lui aussi, un monument impérissable à la gloire de Rome, en célébrant dans un poème national les grands souvenirs de l'histoire romaine.

Il commença aussitôt l'*Enéide* [1]. Mais il n'eut pas le temps d'y mettre la dernière main. Dans un voyage en Grèce, il se sentit atteint d'une maladie mortelle. Auguste alla le chercher à Athènes, pour le ramener en Italie. Virgile mourut dans ses bras à Brindes, après quelques jours de maladie.

Virgile aimait à donner à ses œuvres une telle perfection qu'il ne jugeait pas l'*Enéide* digne de lui. Il avait recommandé à Auguste de brûler son manuscrit. Mais Auguste refusa d'exécuter l'ordre de son ami mourant, et fit publier le poème avec les vers que Virgile avait laissés inachevés.

Virgile était naturellement sérieux et toujours un peu triste. Il aimait la solitude ; mais il se montrait plein de bonté dans la société de ses amis. Horace nous parle de lui comme du plus candide et du plus excellent des hommes. Il avait acquis une grande fortune, il l'employa à faire du bien à ses nombreux parents, qui, grâce à lui, vécurent dans l'aisance. Il était si modeste qu'il se réfugiait parfois dans une maison pour éviter ceux qui le regardaient et le désignaient du doigt à son passage.

Les sentiments tendres et délicats de Virgile se retrouvent dans ses œuvres et font le plus grand charme de sa poésie. Il est resté le plus admiré des poètes latins, et les plus grands poètes ont eu pour lui un culte particulier. Le Dante l'a choisi comme guide pour descendre aux enfers, et Victor Hugo l'appelle « son maître ».

---

1. C'est-à-dire poème rappelant les aventures d'Enée et de ses compagnons qui, après la ruine de Troie, vinrent, selon la légende, fonder un empire en Italie.

Ajoutons que, pendant les guerres de la république, lorsque l'Italie fut occupée par les troupes françaises, on vit nos généraux se préoccuper d'honorer la mémoire du poète. Le général Miollis lui faisait élever un monument dans sa ville natale, et le général Championnet en élevait un autre à Naples, où se trouvait son tombeau.

QUATRIÈME PARTIE

EMPIRE ROMAIN

CHAPITRE PREMIER

TRAJAN (52-117 APRÈS JÉSUS-CHRIST)

La République romaine avait conquis le bassin de la Méditerranée. L'œuvre des empereurs fut différente. Ils firent peu de conquêtes nouvelles, et se bornèrent à défendre les nations réunies sous la domination romaine contre les barbares de la Germanie et les ennemis qui attaquaient les frontières. A l'intérieur, ils donnèrent à toutes ces nations diverses, conquises sous la République, une administration plus régulière et plus uniforme. Ils firent des lois plus justes qui s'appliquaient à tous les sujets de l'empire et supprimaient l'ancienne distinction entre le citoyen romain et l'étranger. On eut alors, au lieu de provinces distinctes par leur langage et leurs lois, un seul empire, l'empire romain.

On vit bientôt l'empire gouverné non plus par des empereurs nés à Rome ou en Italie, mais par des hommes nés dans les provinces. Le plus grand des successeurs de César fut un Espagnol [1], Trajan.

____

1. L'Espagne avait donné à l'empire romain, à cette époque, de grands écrivains : le philosophe Sénèque, le poète épique Lucain et le poète satirique Martial.

Trajan (en latin *Marius Ulpius* Trajanus) naquit en Espagne à Italica [1]. Il était devenu le meilleur général de l'empire, lorsque l'empereur Nerva le choisit comme fils adoptif et le désigna pour son successeur.

Nerva mourut en 98. Trajan lui succéda et fut empereur pendant dix-neuf ans, de 98 à 117.

Jusqu'au règne de Trajan, les empereurs s'étaient presque tous montrés despotiques. Ils méprisaient le Sénat et punissaient de mort, comme ennemis de l'Etat, leurs ennemis particuliers. D'indignes citoyens, pour se faire bien venir du maître, lui dénonçaient ceux qui paraissaient ne pas approuver tous ses actes et regretter l'ancienne liberté romaine. C'est ce qu'on appelait les délateurs.

Trajan.

Trajan chassa les délateurs de Rome. Il rendit aux Romains la liberté, permit de discuter ses actes, consulta souvent le Sénat, auquel il rendait compte de ses actions, et sembla seulement le premier citoyen de l'empire.

Ses prédécesseurs aimaient le luxe et la pompe. Ils marchaient entourés de gardes dans les cérémonies. Trajan voulut entrer à Rome à pied, au milieu du peuple, qui se pressait sur son passage. Il aimait à se promener seul dans la foule et à recevoir les réclamations et les plaintes qu'on lui présentait. Quand des personnages importants venaient le voir, il se levait, allait au-devant d'eux, les embrassait et leur parlait comme à des amis.

1. Petite ville près de Hispalis, aujourd'hui Séville.

Il aimait à faire le bien, à répandre d'abondantes aumônes, et, quand on le blâmait de sa trop grande générosité, il répondait : « Je veux faire ce que je voudrais qu'un empereur fît à mon égard, si j'étais simple particulier. »

L'empire romain avait alors deux ennemis redoutables, le royaume des Parthes du côté de la Syrie et celui des Daces sur le Danube.

Trajan battit le roi des *Parthes*, Chosroès, et lui enleva tout le bassin du Tigre et de l'Euphrate.

Les *Daces*, peuple de Germanie, occupaient le massif des Carpathes de Transylvanie et les plaines qui l'entourent du côté de la Theiss à l'ouest, et du côté de la mer Noire à l'est. Le Danube les séparait de l'empire romain. Trajan voulut faire pour la Dacie ce que César avait fait pour la Gaule. Il voulut, pour assurer de ce côté la frontière de l'empire, soumettre les Daces, les rattacher à la civilisation romaine et en faire les défenseurs de l'empire contre les Germains. Il pénétra au milieu des forêts et des montagnes, vainquit et tua le roi Décebal; la Dacie, devenue province romaine, fut réunie à l'empire par un pont de pierre dont on voit encore aujourd'hui les restes. Trajan y établit des colonies ou villes qui en firent bientôt un pays vraiment romain.

Trajan embellit Rome de monuments remarquables. Il y fit ouvrir une place nouvelle, le forum de Trajan, au milieu duquel il fit élever une colonne de marbre blanc dont les sculptures rappelaient ses victoires [1].

Les provinces, tranquilles et bien gouvernées, se couvrirent de villes prospères et de travaux utiles. Trajan fit creuser le port de Civita-Vecchia sur la mer Tyrrhénienne, et celui d'Ancône sur l'Adriatique. Il fit faire partout des routes et des ponts, dont quelques-uns subsistent encore, comme celui d'Alcantara, sur le Tage.

Il laissa enfin l'empire romain à son plus haut degré

---

1. C'est sur le modèle de la colonne Trajane qu'a été élevée la colonne Vendôme, à Paris.

de grandeur. Sa mémoire resta vénérée, et, après lui,
quand le Sénat recevait un nouvel empereur, à son avènement il lui souhaitait deux choses : d'être plus heureux qu'Auguste et meilleur que Trajan.

CHAPITRE II

CONSTANTIN (274-337)

Pendant que les empereurs donnaient aux diverses
parties de l'empire romain l'unité d'administration et de
législation, une grande
transformation morale
s'accomplissait, grâce au
christianisme.

Le CHRISTIANISME appor-
tait dans le monde ancien
deux grandes choses, une
morale plus pure et la
liberté de conscience.

Jusque-là, en effet, la
religion et le gouverne-
ment étaient intimement
unis. Des magistrats, comme les. consuls, accom-
plissaient des sacrifices et
des cérémonies religieu-
ses. César avait été grand

Constantin.

pontife. Tous les empereurs recevaient ce titre, et, après
leur mort, ils étaient mis au rang des dieux. Ceux qui
refusaient de sacrifier à Jupiter dans les fêtes publiques
et de rendre un culte aux empereurs, étaient donc considérés comme des hommes qui méprisaient la religion
de l'Etat, et par conséquent on les punissait comme de
mauvais citoyens [1].

1. C'est pour cela qu'un excellent empereur, comme Trajan,
avait ordonné une persécution contre les chrétiens.

Les chrétiens, au contraire, prétendaient séparer la religion du gouvernement. Ils voulaient bien accomplir tous leurs devoirs de sujets et de citoyens fidèles, payer les impôts, faire le service militaire ; mais ils refusaient de sacrifier aux faux dieux et prétendaient que les empereurs et les gouverneurs des provinces devaient respecter leur croyance.

De là les persécutions ordonnées contre les chrétiens

Mais le christianisme n'en fit pas moins des progrès rapides, et au quatrième siècle après Jésus-Christ les. chrétiens étaient aussi nombreux dans l'empire que les païens [1]. Un grand homme d'Etat, Constantin, assura alors le triomphe du christianisme.

Constantin était fils de *Constance Chlore* et d'une chrétienne, *Hélène*. Son père, gouverneur de la Gaule et de la Grande-Bretagne sous l'empereur Dioclétien, s'était montré favorable aux chrétiens [2]. Quant à sa mère, elle est restée honorée sous le nom de sainte Hélène.

Proclamé empereur à York par les soldats de son père, révoltés contre l'empereur Galère, Constantin accepta et résolut de devenir maître de tout l'empire. Mais il lui fallait pour cela un parti puissant. Constantin fit appel aux chrétiens, qui avaient été protégés par son père. Ils le soutinrent constamment (306).

Grâce à l'appui des chrétiens, Constantin vainquit ses deux premiers ennemis, *Maximien* et son fils *Maxence*. Il entra vainqueur à Rome et partagea l'empire avec Licinius, le successeur de Galère. Constantin fut empereur d'Occident, et Licinius empereur d'Orient.

Licinius se crut assez fort pour attaquer *Constantin*, afin de rester seul empereur. La guerre commença ; mais

1. Les mots *paganisme, païen* viennent de ce que, dans les derniers temps de l'empire, la religion des faux dieux n'était plus pratiquée que dans les campagnes, *pagi*, par les paysans, *pagani*

2. Dioclétien avait ordonné une persécution contre les chrétiens Constance Chlore n'avait pas exécuté les ordres de l'empereur dans son gouvernement.

Constantin, qui avait donné aux chrétiens, en Occident, la plus complète liberté de conscience, vit se déclarer pour lui les chrétiens de tout l'empire. Licinius fut vaincu, puis mis à mort, et tout l'empire fut réuni dans les mains de Constantin.

C'est alors que Constantin déclara que dorénavant le christianisme serait la religion de l'empire. Les païens restèrent libres de pratiquer leur culte ; mais, n'étant plus soutenu par les empereurs, le paganisme s'affaiblit de plus en plus. La grande révolution commencée au premier siècle de notre ère était accomplie. Tout le monde civilisé était devenu chrétien (324).

Un autre fait, d'une immense importance, fut accompli par Constantin. L'empire romain était trop vaste pour pouvoir être gouverné et défendu par un seul empereur. De plus, il y avait dans l'empire deux parties très distinctes : l'Occident, où l'on parlait le latin, et l'Orient, où dominait la langue grecque. L'Occident avait sa capitale, Rome ; Constantin donna à l'Orient la sienne en fondant *Constantinople*.

Cependant, bien qu'il fût favorable au christianisme, Constantin n'était pas chrétien. Dans tout ce qu'il faisait, il agissait par génie politique, en homme qui comprenait où était la véritable force de l'empire et non par conviction religieuse [1].

On reproche même à Constantin de grands défauts personnels et jusqu'à des crimes. Il était emporté, violent et vindicatif. Il alla jusqu'à ordonner la mort de son fils Crispus, qui avait été plus applaudi que lui un jour qu'il entrait dans Rome, et qu'il supposait vouloir lui enlever le trône, avec l'aide des païens. De même, il fit mettre à mort, sur de faux soupçons, sa femme Fausta, et il se montra impitoyable envers ceux

1. Il fut bien différent en cela de son successeur Julien, qui conçut l'idée de rétablir le paganisme, auquel on croyait de moins en moins, et gâta de grandes qualités personnelles par cette tentative absurde et rétrograde.

que les délateurs lui dénonçaient comme ses ennemis.

Constantin mourut à Constantinople en 337. Sentant venir la mort, il voulut recevoir le baptême et
expira quelques jours après, à l'âge de soixante-trois
ans.

CINQUIÈME PARTIE
MOYEN AGE

CHAPITRE PREMIER
CHARLEMAGNE (742-814)

Lorsque l'empire romain d'Occident fut détruit par
les invasions des barbares, les *Francs* s'établirent en
Gaule. Ils avaient pour chefs des rois choisis dans une
famille qu'on appelait les Mérovingiens. Le plus grand
de ces rois, *Clovis*, épousa une chrétienne, *Clotilde*, se fit
chrétien lui-même et, soutenu par les évêques de Gaule,
soumit aux Francs presque tout le pays.

La conquête fut achevée par ses fils. Bientôt la Gaule
tout entière fut soumise aux Francs. Les Francs alors
arrêtèrent les invasions des autres barbares, qui voulaient encore franchir le Rhin pour ravager la Gaule et
s'y établit. Ils la protégèrent au sud contre les Arabes,
qui avaient conquis l'Espagne.

Mais les successeurs de Clovis n'avaient pas l'énergie
de leur ancêtre. Ils abandonnèrent peu à peu le pouvoir
à leurs premiers ministres, les maires du palais. C'est un
de ces maires *Charles Martel* qui vainquit les Arabes à la
grande bataille de Poitiers. Les Francs se fatiguèrent
enfin d'obéir à des rois que l'histoire a flétris du nom de
rois fainéants. Ils prirent pour roi le fils de Charles

Martel, *Pépin le Bref*[1], lequel eut pour fils et successeur *Charles*, resté si célèbre sous le nom de CHARLEMAGNE[2].

Le règne de Charlemagne a duré de 768 à 814. C'est un des plus importants de l'histoire : 1° par la grandeur et l'utilité des guerres entreprises ; 2° par l'organisation qu'il donna à son empire ; 3° par les efforts qu'il fit pour répandre l'instruction et faire refleurir les lettres et les arts, qui avaient péri dans les invasions des barbares.

Au point de vue militaire, Charlemagne compléta l'œuvre commencée depuis Clovis en assurant définitivement la Gaule contre les invasions.

Il restait encore, au delà du Rhin, un puissant peuple barbare, les *Saxons*. Charles lutta trente-trois ans pour les soumettre. Il fit à ces barbares menaçants une guerre sans pitié. Les Saxons résistèrent bravement, sous la conduite de *Vitikind*. Charles ne se contenta pas de les vaincre : il voulut

Charlemagne.

assurer son œuvre en les faisant chrétiens. Il partagea le pays en évêchés ; il y établit des monastères[3] dont

1. Pépin le *Bref*, c'est-à-dire le *court* ou le *petit*.

2. Le mot de *Charlemagne* a été composé de Charles, auquel on a ajouté le mot *magne*, du mot latin *magnus*, qui veut dire grand. C'est Charles le Grand.

3. Les moines de ces couvents, appelés *bénédictins*, du nom de leur fondateur, saint Benoît de Nursie, et de leur organisateur définitif, saint Benoît d'Aniane, étaient les uns agriculteurs, les autres charrons, menuisiers, copistes de manuscrits, etc. Quand ils s'établissaient dans un pays barbare, ils y transportaient aussi avec eux toutes les inventions utiles.

les moines apprenaient aux barbares à cultiver la terre, à vivre de leur travail dans leur pays, au lieu de songer sans cesse à la guerre et au pillage. Charles réussit, et les Saxons devinrent à leur tour, après Charlemagne, les défenseurs de l'Europe contre les barbares hongrois qui venaient d'Asie.

Au sud, Charles voulut assurer la Gaule contre les entreprises des *Arabes* en conquérant les Pyrénées. Il soumit le pays jusqu'à l'Ebre; mais, au retour, son arrière-garde, commandée par le comte *Roland*, fut détruite dans les défilés de Roncevaux par les montagnards des Pyrénées [1].

Charlemagne défendit aussi le pape contre les *Lombards*, peuple germain qui s'était établi dans le nord de l'Italie et voulait s'emparer de Rome. Charles vainquit Didier, le roi des Lombards, le prit dans Pavie et donna au pape Rome et une partie de l'Italie centrale, pour qu'il fût complètement indépendant.

Le pape se montra reconnaissant des services rendus par Charlemagne. Aussi quand Charlemagne voulut réunir tous les pays qu'il avait soumis dans un seul empire, le pape lui prêta l'appui de l'immense autorité qu'il possédait comme chef du clergé. Il voulut même prendre l'initiative de la grande mesure que méditait Charles. En l'an 800, Charles assistait à Rome aux fêtes de Noël. Pendant l'office, il était prosterné au pied de l'autel, lorsque le pape *Léon III* se leva, prit une couronne d'or et la mit sur la tête de Charlemagne en le proclamant *empereur d'Occident*.

Charles s'occupa dès lors d'organiser l'empire. Il lui donna de sages lois qu'on appelle les *Capitulaires* [2]. Mais il n'exerça jamais d'autorité despotique sur ses sujets. Il était d'usage chez les Francs que toutes les grandes

---

1. Ce désastre resta célèbre au moyen âge. On fit à ce sujet bien des légendes et bien des poèmes. Le plus fameux est la *Chanson de Roland*.

2. C'est-à-dire lois divisées en chapitres, en latin *capita*.

questions fussent traitées dans des assemblées où pouvaient assister tous les hommes libres. Charles respecta cet usage. Il y avait deux assemblées : l'une, celle des seigneurs, composée des évêques et comtes qui préparaient les lois ; l'autre, celle des hommes libres qui les approuvaient ou les rejetaient. L'empereur laissait toute liberté aux délibérations. Il se rendait auprès des seigneurs, pour les éclairer de sa sagesse lorsqu'ils l'appelaient pour lui demander ses avis. Le reste du temps, il aimait, pendant que délibéraient les seigneurs, à se mêler à la réunion des hommes libres, causant familièrement avec les guerriers et leur distribuant les éloges ou les observations amicales.

Charlemagne n'est pas moins admirable dans son amour passionné pour tout ce qui touche aux choses de l'intelligence. Il appela auprès de lui, pour les combler de marques d'honneur et de respect, les hommes qui se faisaient remarquer par leur savoir et leurs talents. Ainsi *Eginhard*, qui nous a laissé une histoire du grand empereur. Ainsi le fameux moine *Alcuin*, d'York, le favori de Charlemagne et auquel il donna l'abbaye de Saint-Martin de Tours. Alcuin se montra digne des bienfaits de Charles. Il fit fonder dans les couvents des bibliothèques où les moines copiaient et conservaient les manuscrits des chefs-d'œuvre de l'antiquité, et il organisa les écoles de l'empire.

Charlemagne attachait une grande importance à ces écoles. Il voulait qu'elles fussent fréquentées. Il y poussait les fils des seigneurs francs, qui croyaient indigne d'eux de s'occuper d'autre chose que du métier des armes. Un jour, il entra dans une école et voulut voir les travaux des écoliers. Ceux de moyenne et de basse condition présentèrent des œuvres bien faites ; mais les fils des nobles montrèrent d'insipides sottises. Charles fit alors venir à sa droite ceux qui avaient bien fait et leur dit : « Je vous remercie, mes fils, de ce que vous avez travaillé de tout votre pouvoir par mon ordre et pour votre bien. Maintenant, tâchez d'atteindre à la perfection, et je vous donnerai des évêchés et des abbayes, et vous serez toujours honorables à mes yeux. » Puis, tournant vers les autres à gauche un regard irrité et levant vers le ciel son bras invincible : « Par le Roi des cieux, s'écria-t-il, je ne me soucie guère de votre noblesse et de votre beauté. Tenez ceci pour dit, que, si vous ne réparez pas par un zèle vigilant votre négligence passée, vous n'obtiendrez jamais rien de Charles. »

Il donnait, du reste, lui-même l'exemple. Il possédait le latin de manière à le parler comme sa langue maternelle et à lire dans leur texte saint Jérôme et saint Augustin, ses auteurs favoris. Il chantait les psaumes à l'église, et, dans ses dernières années, se mit à apprendre le grec. Il avait établi dans son palais une cour littéraire, appelée *Académie palatine*. L'empereur et ses amis y déposaient leurs noms pour en prendre d'autres empruntés à l'antiquité païenne ou juive. Charles s'appelait David, le moine Angilbert Homère, Alcuin Flaccus.

La grandeur de Charlemagne se répandit dans tout le monde connu. Le puissant et magnifique calife de Bagdad, *Haroun al Raschild*[1], envoyait à Aix-la-Chapelle une brillante ambassade chargée d'offrir à l'empereur d'Occident des armes, des tapis, des chevaux de prix, une horloge à eau, chef-d'œuvre de mécanique qui étonna l'Occident à cette époque, et enfin les clefs du Saint-Sépulcre, qui furent déposées dans la basilique de Saint-Denis.

Eginhard nous a conservé le portrait de Charlemagne : « Il était gros et robuste de corps : sa taille était élevée. Il avait le sommet de la tête arrondi, les yeux grands et vifs, le nez un peu long, de beaux cheveux blancs et la physionomie riante et agréable. Il régnait dans sa personne, soit qu'il fût assis, soit qu'il fût debout, un air de force et de dignité. Sa démarche

______

1. C'est-à-dire Haroun le Juste.

était ferme, et tout son extérieur présentait quelque chose de mâle, excepté sa voix, qui était claire et douce. » On voit dans ce portrait ce qu'on admire dans toute l'œuvre de Charlemagne : la bonté unie à la force.

Le grand empereur mourut à *Aix-la-Chapelle* [1], le 8 janvier 814. Dans ses derniers jours, il eut de vives inquiétudes au sujet de la durée de l'œuvre qu'il avait eu tant de peine à fonder. Il était un jour assis, contemplant la mer, lorsque des barques passèrent à l'horizon : c'étaient celles de quelques pirates *northmans* [2], qui inquiétaient déjà les côtes de l'empire. Les yeux du vieil empereur se remplirent de larmes. « Je crains, s'écria-t-il, que mes successeurs ne soient pas assez forts pour repousser ces nouveaux envahisseurs ! »

Les invasions des Northmans contribuèrent en effet à faire disparaître l'empire d'Occident. Mais les nations qui avaient été unies par la conquête de Charlemagne et civilisées par le christianisme, France, Germanie, Italie, continuèrent à avoir des habitudes, des mœurs et des idées communes. Elles formèrent dans l'Europe occidentole ce qu'on appelait la *chrétienté*, par opposition au monde barbare ou musulman, et elles sont encore aujourd'hui à la tête de la civilisation sous le nom d'Occident [3].

---

1. On y montre encore le tombeau de Charlemagne.

2. Northmans, ou hommes du Nord. Ils venaient de la Scandinavie, aujourd'hui Danemark, Suède et Norwège. Ils finirent par se fixer en Normandie et conquirent l'Angleterre avec Guillaume le Conquérant.

3. A la France, à l'Allemagne et à l'Italie se rattachèrent l'Espagne, reconquise par les musulmans, et l'Angleterre, conquise par les Northmans, puis successivement les autres pays européens, sauf la Russie et la Turquie.

CHAPITRE II

MAHOMET (570-632)

L'*Arabie* est une vaste presqu'île asiatique baignée par la mer des Indes, le golfe Persique et le golfe Arabique, et séparée de la Syrie par les déserts de la Palmyrène. Au VIe siècle, elle était habitée par des populations qui n'avaient presque aucun lien commun, ni au point de vue politique, ni au point de vue religieux. Sur les côtes méridionales du golfe Arabique on voyait encore quelques villes et quelques régions bien cultivées. Mais, à l'intérieur, il n'y avait guère que des tribus guerrières, ayant chacune leur commandant ou émir. Ces tribus louaient volontiers leurs services pour protéger le passage des caravanes. Leurs traits particuliers étaient une grande bravoure, un amour passionné pour la rapine et le brigandage, mais aussi une fidélité inviolable aux engagements pris par serment et aux lois saintes de l'hospitalité.

Mahomet.

Ces tribus avaient aussi leur religion et leurs idoles particulières. Les seuls liens qui les unissaient, c'était d'abord le souvenir d'une descendance commune qu'elles faisaient remonter à Ismaël, fils d'Abraham [1]; puis c'étaient les grandes foires, où l'on allait commercer et

____

1. De là le nom d'Ismaélites, pris par les Arabes.

disputer le prix de la poésie ; c'était enfin le temple de la
Caabâ, à La Mecque, dans lequel on avait déposé une
idole de chacune des tribus et où elles se rendaient en
pèlerinage.

Mahomet réunit toutes ces tribus en un seul peuple
redoutable en leur donnant une même religion, la foi
en un Dieu unique et la confiance absolue au prophète
qui venait l'annoncer.

Mahomet naquit à La Mecque en 570. Il était de la
tribu des Corayschites et de la famille des Haschemites.
Il passa sa jeunesse, comme les autres Arabes, dans les
exercices guerriers, dans les expéditions entreprises
pour protéger ou attaquer les caravanes. Puis il devint
l'intendant d'une riche veuve, *Khadidja*, qui l'épousa
par reconnaissance pour ses services et sa probité.

Vers l'âge de quarante ans, Mahomet se retira du
monde pour vivre seul et passa quinze années dans la
retraite et la méditation. C'est alors, dit-il, que l'ange
Gabriel lui apparut tenant un livre écrit en caractères
étranges et lui disant de lire. « Je ne puis pas lire, »
dit Mahomet. L'ange alors le prit par les cheveux, par
trois fois le jeta violemment à terre, et Mahomet, pâle,
transformé par cette lutte et ces secousses terribles, se
releva, sachant lire le livre que Gabriel lui apportait du
ciel. C'était le livre de la loi dont il lui ordonnait de se
faire l'apôtre et le prophète.

Mahomet se mit aussitôt à prêcher dans sa famille. Il
convertit sa femme Khadidja, son cousin Ali, son esclave Zeïb, qu'il affranchit, puis Abou-beckre et les
principaux de La Mecque. Alors, en 614, il déclara qu'il
était venu pour renverser l'idolâtrie, et choisit pour
vizir ou lieutenant le brave Ali, qui jura de ne jamais
l'abandonner et de mettre à mort tous ses ennemis.

Mahomet se trouva alors en butte aux attaques de sa
tribu, les Corayschites, qui dispersèrent ses sectateurs,
sa famille, et le forcèrent de s'enfuir à Yatreb, le 16 juillet 622, date fameuse et sacrée pour les Musulmans.

C'est celle de l'hégire ou fuite du Prophète, celle d'où part l'ère musulmane. Yatreb changea de nom et devint la Ville du Prophète, Medinah al Nabi, ou Médine.

A Médine, Mahomet prêcha la *guerre sainte*, la guerre aux infidèles qui ne voulaient pas reconnaître le Prophète. Vainqueur, il rentra dans La Mecque, renversa les trois cents idoles de la Caabâ, et proclama sur leurs débris l'unité de Dieu. Tous les Corayschites se convertirent.

Les autres tribus suivirent. En 630, elles envoient de toutes parts des ambassades au Prophète et viennent accomplir le pèlerinage de La Mecque. C'est l'*année des ambassades*.

Mahomet est alors dans toute sa gloire et sa majesté. Il est obéi partout comme chef politique et religieux. Sa parole imagée, éloquente, émue, convertit les plus farouches. Le célèbre *Omar* part de chez lui pour tuer le Prophète. Arrivé près de La Mecque, il vit sa sœur lire et lui cacher quelque chose. Il le lui arracha. C'étaient des versets du Coran. Il les lit, continue son voyage et arrive devant Mahomet. « Que veux-tu, fils d'El Khattab? dit celui-ci. Persévères-tu toujours dans ton impiété? — Je viens, répond Omar, déclarer que je crois en Dieu et en son Prophète. »

La guerre sainte fut portée hors de l'Arabie. Mahomet somma l'empereur de Constantinople, Héraclius, d'embrasser sa croyance. Il le battit en Syrie. L'Arabie tout entière s'ébranlait, quand Mahomet mourut paisiblement en 632.

Le *Coran*, ou *livre* par excellence, écrit par Mahomet, contient toute la religion du Prophète [1]. Il est divisé en chapitres, subdivisés en *surates*, composées de versets. C'est le plus beau livre de la littérature arabe. Il est

---

1. Cette religion s'appelle *islam*, c'est-à-dire soumission ou résignation à la volonté de Dieu. Ses sectateurs s'appellent *moslem* ou *musulmans*, c'est-à-dire soumis à Dieu.

écrit en une prose cadencée, harmonieuse et éloquente qui entraînait les Arabes. Une tribu, avant de se convertir, envoie à Mahomet un poète pour disputer avec lui d'éloquence. Le poète écouta quelques surates du Coran et revint aussitôt vers les siens : « Je ne sais, dit-il, ce que j'ai entendu, si c'était vers ou prose ; mais c'était quelque chose de merveilleux. »

Le Coran contient des préceptes de plusieurs sortes. Ainsi, il y a des défenses comme celles de manger de la viande de porc, de boire des liqueurs fermentées : interdictions nécessaires dans les pays chauds, où l'usage de cet aliment ou de ces boissons serait funeste. Il ordonne aux musulmans les ablutions du matin et du soir, remède contre l'incurie naturelle aux Orientaux, qui amène les épidémies, la lèpre et la peste. Il prescrit tous les ans un jeûne de quarante jours, ou *Rhamadan*, et le pèlerinage à La Mecque. Un bon musulman doit faire ce voyage au moins une fois dans sa vie, s'il le peut. Il prend alors le nom sacré de *hadji*, pèlerin, et il est vénéré dans sa tribu.

De tous les dogmes religieux, le premier est celui de l'unité de Dieu. « Il n'y a d'autre Dieu que Dieu, et Mahomet est son Prophète ! » Ce Dieu unique, le musulman doit le prier cinquante fois par jour ; mais cinq prières seulement sont absolument imposées.

Après la prière, les plus pressantes recommandations sont pour l'aumône : « La prière nous conduit à moitié chemin vers Dieu, disait Omar ; le jeûne nous mène à la porte de son palais ; les aumônes nous y font entrer. » Puis il y a d'admirables instructions sur le respect dû aux parents, aux femmes et surtout aux mères. « Le baiser donné par un enfant à sa mère égale en douceur celui que nous imprimerions sur le seuil du paradis. Un fils gagne le paradis aux pieds de sa mère. »

Parmi les préceptes du Coran, deux surtout ont une importance considérable dans l'histoire des Arabes : c'est la prédication de la *guerre sainte* et la croyance au *fa-*

talisme [1]. Mahomet prêche la guerre contre ceux qui ne reconnaissent pas la religion du Prophète ou refusent de lui payer tribut. Dans les batailles, le fatalisme donne aux musulmans un courage indomptable. Ce qui doit arriver est fixé d'avance par Dieu. « Ce qui est écrit est écrit, » dit le vrai croyant. Le brave peut donc ne pas craindre la mort, si son jour de mourir n'est pas venu ; le lâche ne peut l'éviter, si son heure est arrivée. Mais le brave après sa mort entre au paradis, le lâche est précipité dans l'enfer.

Dans l'ardeur de cette foi religieuse et de cet enthousiasme guerrier, les Arabes firent de rapides conquêtes. Ils allèrent en Europe jusqu'aux Pyrénées, les franchirent et furent arrêtés seulement à Poitiers par les Francs de Charles Martel. Plus tard, les chrétiens prirent l'offensive. Il allèrent attaquer les musulmans en Orient pour leur enlever Jérusalem et la Terre sainte, où Jésus-Christ avait prêché et où il était mort. Ces luttes entre le monde chrétien et le monde musulman s'appellent les *croisades* [2].

CHAPITRE III

SAINT LOUIS (1215-1270)

Louis IX ou SAINT LOUIS, fils de Louis VIII et de Blanche de Castille, naquit en 1215 et fut roi de France de 1226 à 1270. Il est resté le modèle le plus admirable des rois.

Ayant perdu son père à l'âge de douze ans, saint Louis fut complètement formé par sa mère, sous la tu-

1. Fatalisme, du mot latin *fatum*, destin : ce qui est fixé par le destin ou par Dieu.

2. Parce que les soldats chrétiens mettaient sur leurs vêtements une *croix* d'étoffe; de là les mots prendre la croix, *se croiser*, *croisés* et *croisades*.

telle de laquelle il régna pendant dix ans. *Blanche de Castille* est restée célèbre comme mère du roi et comme régente du royaume. Elle fit de son fils le plus vertueux des hommes et lui montra comment il fallait gouverner avec sagesse et fermeté. Saint Louis dut à sa mère le principe de toutes les qualités qu'il montra sur le trône. Il le savait et montra à sa mère toute sa reconnaissance par la vénération profonde et l'obéissance filiale qu'il eut toujours pour elle.

Saint Louis se montra toujours fidèle aux préceptes du christianisme, et surtout au plus touchant de tous, à la charité. Le *sire de Joinville*, qui était le compagnon et l'ami du roi, nous le montre servant lui-même les pauvres : « Plusieurs fois il advint que le roi les servait et leur mettait le pain devant eux et le leur coupait. Il avait chaque jour à dîner et à souper près de lui des vieillards et des estropiés, auxquels il donnait des viandes qu'il mangeait, et, quand ils avaient mangé, ils emportaient certaines sommes d'argent. Même aux grandes fêtes, il aimait à servir les pauvres avant qu'il mangeât ni bût. A peine pourrait-on compter le nombre de ses charités. Et nous pouvons bien dire qu'il fut plus heureux que l'empereur Titus de Rome, dont les anciennes histoires racontent qu'il se plaignit et se lamenta pour un jour qu'il avait passé sans faire de bien à personne. » Comme roi, il se fit remarquer par son esprit de justice. Lorsqu'il était à

Saint Louis.

4.

Vincennes, il aimait à s'asseoir au pied d'un chêne, après la messe, et là il recevait les réclamations de tous ceux qui s'adressaient à lui. Dans ses guerres, il ne voulut jamais abuser de la victoire pour obtenir des choses injustes. Aussi il était devenu l'arbitre respecté de l'Europe. Les seigneurs anglais et leur roi Henri III, le pape en guerre avec l'empereur d'Allemagne s'adressaient au roi de France pour avoir son avis sur leurs différends.

Cet esprit de justice s'alliait à une grande fermeté. A ce moment, la France était morcelée en un grand nombre de duchés, comtés et seigneuries dont les seigneurs se considéraient comme indépendants. C'était le régime féodal. Saint Louis respecta les droits que ces seigneurs avaient sur leurs domaines; mais il leur rappela qu'au-dessus de tous les seigneurs était le roi, dont l'autorité s'étendait sur toute la France.

Le roi de France était en même temps le plus brave des chevaliers. Saint Louis le montra dans les deux croisades qu'il entreprit contre les musulmans.

Dans la première, il voulut s'emparer de l'Égypte. La flotte française partit d'Aigues-Mortes, traversa la Méditerranée et arriva en vue de l'Égypte. Le roi sauta un des premiers dans la mer, l'épée à la main, pour attaquer les infidèles, et bientôt il s'empara de la forte place de *Damiette*.

Mais les maladies se mirent dans l'armée, les chrétiens furent vaincus, et le roi fut fait prisonnier. Il étonna les Sarrasins par son courage et sa dignité royale. Le sultan voulait lui imposer des conditions déshonorantes et le menaçait de la torture. Saint Louis se contenta de répondre : « Je suis prisonnier, on peut faire de moi ce que l'on veut. » Un musulman lui demandait de l'armer chevalier : « Fais-toi chrétien, lui dit tranquillement le roi, et je te ferai chevalier. » Lorsque la paix fut conclue, on voulait que le roi la jurât en y mêlant le nom de Dieu. Saint Louis refusa, et on dut se contenter de sa parole royale.

Saint Louis, délivré de captivité, voulut encore rester

en Orient pour racheter les prisonniers et secourir les chrétiens de Terre sainte. Il fut rappelé en France par la nouvelle de la mort de sa mère. Il en montra une douleur profonde. « Ah ! sénéchal, j'ai perdu ma mère ! » s'écria-t-il en apercevant Joinville. Celui-ci le consola en lui rappelant ses devoirs de roi.

Saint Louis reprit encore la croix pour aller conquérir *Tunis*[1]. Il était à peine arrivé devant la ville que la peste ravagea l'armée. Barons, chevaliers, soldats de tous rangs mouraient en foule. Saint Louis se montrait partout, soignant les malades, consolant les mourants et aidant à enterrer les morts. Il perdit Jean, son fils bien-aimé, qui était né à Damiette et qu'on avait appelé Tristan, à cause des circonstances douloureuses qui avaient accompagné sa naissance.

Le roi lui-même fut atteint. On le vit s'affaiblir; il pouvait à peine se lever. Il sentit bientôt venir la mort. Il fit alors venir son fils Philippe, qui devait lui succéder, et lui recommanda de tenir les engagements qu'il lui laissait écrits de sa main. Cette instruction disait : « Fais justice à chacun droite et loyale, sans tourner ni à droite ni à gauche, et soutiens la querelle des pauvres jusqu'à ce qu'elle soit éclaircie. Si l'on te dit que quelqu'un t'a fait tort, sois d'abord pour lui et contre toi jusqu'à tant qu'on sache la vérité. Apaise, autant que tu le pourras, les guerres et les disputes. Sois soigneux et diligent d'avoir de bons administrateurs. Maintiens les franchises et libertés de tes bonnes villes, les tenant en faveur et amour..... »

« Quand le bon roi eut enseigné son fils, dit Joinville, l'infirmité qu'il avait commença à croître fortement, et il demanda les sacrements de la sainte Église. Il les reçut en saine pensée et droit entendement, et, tandis qu'on les lui donnait, il récitait les psaumes. J'ai ouï de mon-

---

1. Ce fut la huitième et la dernière des expéditions appelées croisades.

seigneur le comte d'Alençon, son fils, que, quand il approchait de la mort, il appela les saints pour lui aider et le secourir. Après se fit le saint roi coucher en un lit couvert de cendre et mit les mains sur sa poitrine, et, en regardant vers le ciel, rendit à notre Créateur son esprit. »

CHAPITRE IV

DANTE (1265-1321)

Le plus grand poète du moyen âge, le DANTE, naquit à Florence en 1265. Il était fils d'un noble Florentin,

Dante.

Alighiero, et reçut à son baptême le prénom de *Durante*, dont *Dante* est l'abréviation familière. C'est sous ce nom qu'il est devenu immortel.

Dans son enfance et sa jeunesse, le Dante apparaissait comme un caractère doux et tendre, ouvert à toutes les émotions les plus délicates et les plus pures. Tout enfant, il se prit d'une vive affection pour une enfant de son âge, *Béatrix*, qui mourut jeune et dont le pur souvenir resta toujours dans son cœur. Elle lui inspira ses premières poésies et les pensées les plus sublimes de ses dernières.

C'est aussi dans cette jeunesse que le Dante conçut une si ardente admiration pour le génie de *Virgile,* dont l'âme tendre et mélancolique semblait si bien répondre à la sienne.

Enfin l'étude du dessin et de la musique était sa plus chère occupation.

Mais pour ce jeune homme à l'âme si délicate allait commencer une vie d'épreuves qui devaient l'accabler de douleurs et d'amertumes, et lui inspirer, à côté des plus suaves poésies, les accents les plus terribles que jamais on ait fait entendre.

A ce moment, l'Italie était partagée en deux grands partis, les Guelfes et les Gibelins. L'un, le parti *guelfe*, voulait l'indépendance complète de l'Italie, se développant librement en États ou républiques s'administrant chacune selon sa volonté. L'autre, le parti *gibelin*, voyait avec inquiétude les guerres civiles qui éclataient dans ces différents États et les rivalités qui les mettaient en lutte les uns contre les autres. Il se rappelait les temps anciens, où l'Italie, unie sous les empereurs romains, était la maîtresse du monde, et il pensait que ces temps glorieux et pacifiques ne pouvaient revenir que si l'on rétablissait l'empire romain, et il faisait appel aux empereurs d'Allemagne, considérés comme les successeurs des empereurs romains et de Charlemagne. Il les excitait à venir à Rome pour prendre la direction de la chrétienté.

Le *Dante* était un *Gibelin*. Son parti fut vaincu à Florence, et le Dante fut exilé.

Alors commença pour cet homme au cœur si profond, et qui aimait tant sa patrie, la vie d'épreuves. Il parcourt la Toscane, Vérone, Padoue, toujours poursuivi des ennemis de sa patrie et ne trouvant nulle part le repos. Un jour, il arrive aux portes d'un monastère dont il considérait en silence la belle architecture. Le prieur s'approche de lui et lui dit : « Que demandes-tu ? » Le poète ne l'entend et ne le voit même pas. Le moine l'interroge de nouveau : « Que cherches-tu ? — La paix ! » répond le Dante sortant de sa rêverie.

Il passe les Alpes et arrive en France. Il vient à Paris. L'*Université de Paris* était alors la plus renommée de toutes les Universités européennes. On venait de toutes parts s'instruire aux leçons des professeurs de la montagne Sainte-Geneviève [1]. Les plus grands hommes du temps, saint Thomas d'Aquin, le pape Innocent III, avaient complété leur instruction à Paris. Le Dante chercha dans l'étude à oublier ses douleurs, et il fut bientôt connu de tous pour son immense savoir. Mais nulle part il ne trouvait la paix. Tout lui rappelait l'exil. « Qu'il est dur à monter, s'écriait-il, l'escalier de l'étranger! qu'il est amer à manger le pain de l'étranger! »

C'est dans cet exil qu'il composa son grand poème, où se résument toute la science, tous les sentiments du moyen âge et aussi les passions patriotiques du Dante.

Ce poème, appelé la *Divine Comédie*, se compose de trois parties : l'*Enfer*, le *Purgatoire* et le *Paradis*.

Dans la première partie, l'*Enfer*, Dante suppose qu'il est conduit aux Enfers par son divin maître, Virgile, et là il voit tous les supplices infligés aux damnés. Dante place parmi ceux que punit éternellement la vengeance divine tous ses ennemis et tous ceux de sa patrie. Il prend plaisir à décrire leurs souffrances, et ses vers sont pleins à leur égard d'expressions dures et sans pitié.

Le poète s'adoucit dans le *Purgatoire*, puis il reprend toute la douceur et la suavité de ses inspirations premières, toutes les délicieuses et pures émotions de sa jeunesse pour décrire la splendeur et les joies du *Paradis*, où il est conduit par Béatrix.

Le Dante ne put jamais revenir à Florence. Il passa ses dernières années en Italie, mais dans la ville de Ravenne. On le voyait se promener dans les rues de la ville, seul, sombre, les yeux fixés devant lui, le

---

1. C'est le quartier du Panthéon et des rues qui en descendent vers la Seine.

visage amaigri et rendu presque terrible par les souffrances qu'il avait subies. Le peuple le considérait souvent avec effroi. Un jour, passant près de plusieurs femmes, il entendit l'une d'elles dire à ses compagnes : « Voyez-vous cet homme ? Il va en enfer et il en revient quand il veut et rapporte des nouvelles de ceux qui sont là-bas. — C'est vrai, répond l'autre, il semble avoir le teint noirci par le feu et par la fumée de l'enfer. »

Le Dante est resté cher aux Italiens par son patriotisme, par son génie et parce qu'il fut le créateur de la langue italienne. Jusque-là, les œuvres littéraires s'écrivaient en latin ou dans la langue française, qui était déjà considérée comme la plus parfaite et la plus connue [1]. Le Dante révéla à ses compatriotes les qualités et les richesses de la langue italienne, et il leur donna en même temps un exemple de ce qu'elle pouvait produire en écrivant un poème où tous les sentiments de l'âme humaine, les plus tendres comme les plus ardents et les plus terribles, ont trouvé leur immortelle expression.

CHAPITRE V

JEANNE DARC (1410-1431)

En 1429, à la suite des désastres de la guerre de Cent ans, la France presque tout entière avait été conquise par les Anglais. Le roi de France *Charles VII* ne possédait plus que quelques provinces au sud de la Loire. Les Anglais l'appelaient par dérision le roi de Bourges, s'apprêtaient à lui enlever le pays qui lui restait, et, pour être maîtres de tout le cours de la Loire, ils mirent le siège devant *Orléans*.

---

1. Le Dante lui-même composa des poésies dans la langue du midi de la France.

Le moment était décisif. C'était la plus forte place qui restât au roi de France. Aussi fut-elle aussi vigoureusement attaquée que défendue. Les plus braves des commandants français, Dunois, Xaintrailles, se jetèrent dans la ville. Les Anglais l'entourèrent d'une série de petits forts ou bastilles reliées entre elles, et réduisirent les habitants à l'extrémité. Au mois de mai 1429, la ville allait être prise, la France semblait perdue. Elle fut sauvée par Jeanne Darc.

JEANNE DARC naquit au village de Domrémy (Vosges), le 6 janvier 1410. Elle passa son enfance et sa jeunesse à garder les troupeaux de ses parents. Elle se faisait remarquer par sa sérieuse sagesse et sa grande piété.

Près de son village se trouvait une forêt appelée le *bois Chenu*. C'est là que Jeanne Darc aimait à diriger ses troupeaux. Elle s'asseyait au pied d'un vieux hêtre connu sous le nom de *beau mai*, où revenaient souvent, suivant les légendes, les *dames fades*, les fées. Là, elle

Jeanne Darc.

songeait aux malheurs de la France, aux pillages des Anglais, aux douleurs du roi, dont tout le monde parlait autour d'elle. Bientôt elle entendit des voix qui lui disaient : « Jeanne, lève-toi, va délivrer la France et le roi! » Elle hésitait, doutait : était-ce elle, si simple, si timide, que Dieu avait pu choisir pour ce grand ouvrage? Mais toujours les voix résonnaient à son oreille et ne lui laissaient aucun repos.

A ce moment encore circulait dans la France une vieille prophétie de l'enchanteur Merlin, où il était dit que la France serait sauvée par la *vierge du bois Chenu*. Tout s'accordait pour remplir le cœur de Jeanne d'une grande et sainte résolution. Désormais, elle eut confiance. Ces voix mystérieuses, elle les connaissait : c'étaient ses saints préférés, saint Michel, sainte Catherine et sainte Marguerite, qui lui parlaient au nom de Dieu. C'était la patrie mourante qui lui demandait pour revivre l'effort que le plus humble ne peut lui refuser.

Jeanne ne se perdit plus dans la rêverie. Malgré l'opposition de son père, qui menaçait de la tuer si elle quittait le village pour aller vivre au milieu des hommes d'armes, elle se leva et se rendit à Vaucouleurs près d'un commandant français, le sire de Baudricourt. Celui-ci la renvoya en la traitant de folle. Mais Jeanne revint, et Baudricourt, étonné de cette insistance, en référa à la cour du roi, qui, se sentant perdu et n'attendant plus qu'un miracle, ordonna qu'on lui envoyât Jeanne. Baudricourt lui donna alors des vêtements de guerre, un cheval et deux gentilshommes pour la conduire à Chinon vers Charles VII.

Jeanne commença à frapper la cour de Chinon par son assurance, sa foi patriotique et sa grande lucidité d'esprit. Elle agit sur l'esprit superstitieux de Charles en le reconnaissant tout d'abord au milieu de ses courtisans. Elle obtient enfin des hommes d'armes et se charge de faire entrer un convoi de vivres dans Orléans.

Avant de partir, elle écrit une lettre naïve et fière au duc de *Bedford*, oncle du jeune *Henri VI* [1] et régent de France en son nom, pour le sommer de quitter la France. Elle se met en marche ; mais déjà sa renommée s'est répandue. On accourait de toutes parts autour de cette image vivante de la patrie. Jeanne acquiert une autorité incroyable même sur les seigneurs de l'armée : tous lui obéissent. Elle entre enfin dans Orléans et décide de donner l'assaut aux bastilles anglaises.

Coiffée d'un chapeau sous lequel passent ses épais che-

---

1. Henri VI, à l'âge d'un an, en 1422, avait été proclamé roi d'Angleterre à Londres et roi de France à Paris.

veux coupés à la hauteur de ses épaules, la taille couverte d'une armure, tenant à la main son étendard blanc sur lequel on voyait Jésus-Christ et deux anges, elle monte à cheval et entraîne tout après elle. La bastille de Saint-Loup, celle des Augustins sont emportées. Le 7 mai 1429, on attaque la plus redoutable, la bastille des Tournelles. Au premier assaut, et lorsqu'elle applique une échelle à la muraille, Jeanne a l'épaule traversée d'une flèche. Sa blessure décourage les siens. Mais à peine est-elle pansée qu'elle les ramène à l'attaque. Les murailles ennemies sont forcées ; cinq cents Anglais et leur chef Glasdale sont massacrés.

Le lendemain, 8 mai, les Anglais effrayés levaient le siège. Jeanne ne leur laisse pas de répit. Elle reprend Jargeau, Meung, Beaugency, et remporte à Patay une victoire où périt Talbot, un des meilleurs généraux anglais. La vallée de la Loire était dégagée.

Après ces grands succès, Jeanne voulut que le roi allât se faire sacrer à Reims. L'entreprise semblait une folie aux généraux et aux courtisans, qui commençaient à être jaloux de la renommée de Jeanne Darc. Tout le pays était au pouvoir des Anglais. Mais Jeanne comptait sur l'ardeur que ses rapides victoires avaient donnée aux Français et l'effroi qu'elles avaient inspiré aux Anglais. Le vaillant connétable de Richemont soutint Jeanne dans le conseil du roi, et on marcha sur Troyes.

La ville était forte et bien gardée. Les railleries ne manquaient pas à Jeanne, qui se heurtait à une telle difficulté. « Dans trois jours, dit-elle, la ville sera à nous! » Elle ordonna de préparer l'assaut, et la ville demanda aussitôt à se rendre.

Bientôt on entra dans *Reims*, et, le 17 juillet 1429, Charles VII était sacré roi de France. Jeanne se tint pendant la cérémonie debout près de l'autel, son étendard à la main. Elle avait droit à cette place d'honneur : en deux mois, grâce à elle, le roi de Bourges était devenu le roi de France.

Mais Jeanne se sentait en butte à la sourde hostilité
des seigneurs contre une fille des champs qui avait
accompli de telles choses. Après le sacre de Reims, elle
voulut se retirer et retourner à Domrémy, près de ses
parents. Elle disait sa mission finie : elle avait exécuté
ce que lui avaient ordonné ses voix. Mais on craignit
que, Jeanne absente, l'ardeur populaire ne tombât. On
la retint, et Jeanne demanda alors à marcher sur *Paris*.

Jeanne comptait emporter Paris comme elle avait
pris jadis les Tournelles. Elle ordonna de donner l'assaut à la porte Saint-Honoré [1]. Mais les généraux de
Charles VII retinrent une partie de l'armée ; ils négli-
gèrent d'indiquer à Jeanne la profondeur des fossés.
Jeanne, s'élançant bravement au premier rang, eut la
jambe traversée d'une flèche. Elle voulut continuer à
encourager les siens et resta seule, blessée, jusqu'à la
nuit, sur le talus où elle était arrivée. Il fallut que le
duc d'Alençon vînt la chercher et la ramenât.

L'assaut avait échoué, et Jeanne crut son rôle ter-
miné. Elle déposa son armure sur le tombeau de saint
Denis et la consacra à Notre-Dame. On la supplia de rester encore. Elle apprit que *Compiègne* était assiégée par
le duc de Bourgogne, allié des Anglais ; elle alla se jeter
dans la place pour la sauver. Mais, dans une sortie, soit
par un hasard malheureux, soit par trahison, les portes
de la ville se fermèrent derrière elle. Jeanne, entourée de
soldats ennemis, fut jetée en bas de son cheval et prise.

La joie fut immense chez les Anglais. Ils tenaient enfin
celle à laquelle ils devaient toutes leurs défaites. Surpris
de l'ardeur inspirée par Jeanne Darc à la France, ils considéraient leur prisonnière comme un être surnaturel,
une sorcière qui devait ses victoires à ses relations avec
le diable. Mais, à cause de cela même, la prisonnière fut
disputée par l'Université de Paris, le clergé et le tribunal

1. Près de la place des Pyramides, à l'endroit où se trouve
aujourd'hui une statue de Jeanne Darc.

de l'Inquisition, qui seuls avaient autorité pour juger les procès de sorcellerie. On parvint à s'entendre. *Pierre Cauchon*, évêque de Beauvais, demanda au duc de Bourgogne de livrer Jeanne aux Anglais pour être jugée par un tribunal ecclésiastique. Il offrait six mille livres de la part de Bedford. Le duc de Bourgogne, Philippe, en demanda dix mille, et le honteux marché fut conclu.

Jeanne fut conduite à Rouen, où devait siéger le tribunal, présidé par Pierre Cauchon. Il n'y eut sorte d'infamies, de misères qu'on ne lui fît subir dans sa prison pour abattre son courage. Il n'y eut sorte de questions embarrassantes et ridicules qui ne lui fussent posées pour donner prise à une accusation d'hérésie. L'esprit et le bon sens français de Jeanne trouvaient réponse à tout. « Jeanne, lui demandait-on, saint Michel était-il nu lorsqu'il vous apparaissait? — Croyez-vous que Dieu n'ait pas de quoi le vêtir? — Vous disiez que des étendards faits à la ressemblance du vôtre portaient bonheur. — Non, je disais : Entrez hardiment parmi les Anglais, et j'y entrais moi-même. — Pourquoi portiez-vous cet étendard au sacre de Reims? — Il avait été à la peine, c'était bien raison qu'il fût à l'honneur. — Croyez-vous être en état de grâce? — Si je n'y suis, Dieu veuille m'y mettre ; si j'y suis, Dieu veuille m'y tenir. — Dieu hait-il les Anglais? — De l'amour ou de la haine que Dieu a pour les Anglais, je ne sais rien ; mais je sais bien qu'ils seront mis hors de France, sauf ceux qui y périront. »

Jeanne resta surtout ferme en deux points : sa foi dans la victoire de la France et son amour pour le roi. Elle ne cessa aussi d'en appeler de ce tribunal vendu à Dieu et au pape.

Cependant on ne trouvait nulle part matière à une accusation d'hérésie, et Pierre Cauchon crut s'en tirer en condamnant Jeanne à une prison perpétuelle au pain et à l'eau. Mais ce n'était pas l'affaire des Anglais. Ils accusèrent Cauchon d'avoir mal gagné son argent et le menacèrent. Il fallut chercher un expédient pour ressaisir la condamnée.

L'Église défendait aux femmes de prendre des habits d'homme. Pendant la nuit, on enleva ses vêtements à la prisonnière et on lui laissa seulement sur son lit des vêtements défendus. Jeanne fut forcée de les prendre. Des juges apostés entrèrent alors dans le cachot. Jeanne fut condamnée, comme hérétique, relapse [1] et idolâtre, à être brûlée vive.

Elle fut brûlée, le 30 mai 1431, à *Rouen*, sur la place du Vieux-Marché. Elle mourut courageusement, laissant pour dernière parole à Pierre Cauchon cette exclamation qui a traversé l'histoire : « Évêque, je meurs par toi ! »

En 1455, le pape Calixte III fit réviser le procès de Jeanne Darc. La réhabilitation était déjà dans tous les cœurs de cette France qu'elle avait reconquise. Elle est restée pour nous la fille au grand cœur, la sainte de toutes les âmes patriotiques et comme l'image même de la patrie.

SIXIÈME PARTIE

AVÈNEMENT DES TEMPS MODERNES

CHAPITRE PREMIER

VASCO DE GAMA (1469-1524). — CAMOËNS (1524-1580).

L'avènement des temps modernes fut marqué par de grandes inventions et d'immenses découvertes. Les livres se multiplièrent et la science se répandit partout, grâce à l'imprimerie. La découverte de la poudre à canon changea tout le système des guerres. Toutes les parties

---

1. Du mot latin *relapsa*, qui veut dire retombée : c'est-à-dire retombée dans le crime de porter des vêtements d'homme.

de la terre furent enfin connues, grâce aux *découvertes des Portugais et des Espagnols.*

Au commencement du xve siècle, on ne connaissait guère que l'Europe, le nord de l'Afrique et la partie occidentale de l'Asie jusqu'à la Perse. On savait qu'il y avait au delà de la Perse des pays d'une richesse merveilleuse et de puissants empires. De hardis voyageurs

Vasco de Gama.

avaient même visité plusieurs parties de la Chine et des Indes. Mais ces notions étaient confuses, et il n'y avait pas de rapports réguliers entre l'Europe et ces pays. Leurs productions, leurs riches étoffes, leurs pierreries et leurs perles, leurs épices arrivaient à l'Europe par l'intermédiaire des États musulmans de l'Asie Mineure, de la Syrie et de l'Égypte. Les vaisseaux des républiques italiennes allaient les chercher aux ports du Levant. Les cités comme Gênes et surtout Venise la Dominante, la reine de l'Adriatique et de la Méditerranée, y trouvèrent une source inépuisable de richesses et de prospérité.

Cependant on se demandait si l'on ne pourrait pas arriver directement par mer à ces pays de l'Inde dont on disait tant de merveilles. Il s'agissait de trouver une route au sud de l'Afrique. Mais jusqu'où s'étendait l'Afrique? Quelles mers inconnues fallait-il traverser, quelles régions immenses fallait-il reconnaître avant d'arriver jusqu'à la mer des Indes?

Les marins portugais entreprirent ces découvertes : ce fut surtout grâce à un prince admirable, *l'infant don*

Henri, qui fut l'âme de toutes les premières entreprises. Passionné pour la science et pour l'honneur de son pays, il s'établit au port de Sagres. Il y appela les meilleurs marins, organisa les entreprises, donna lui-même les instructions aux navigateurs, et le grand mouvement des découvertes prit une incroyable activité. L'infant aimait à s'asseoir au cap Saint-Vincent, à l'extrémité de la pointe méridionale que fait le Portugal dans l'océan Atlantique, et là il suivait des yeux les expéditions qu'il avait envoyées et voyait avec émotion blanchir les premières voiles de celles qui revenaient lui annoncer leurs découvertes.

Enfin, sous le règne de *Jean II*, le navigateur *Barthélemy Diaz* découvrit en 1486 le cap qui termine l'Afrique au sud. Assailli par de terribles orages, il revint et appela ce cap le cap des Tempêtes. « Non, répondi Jean II, c'est le cap de Bonne-Espérance! » On pouvait tout espérer en effet; la route vers les Indes était trouvée.

Il s'agissait d'accomplir le reste du voyage et d'aller toucher aux Indes elles-mêmes.

Une expédition fut préparée dans ce but au port de Sines [1], en 1497, et le commandement en fut donné à Vasco de Gama.

Vasco de Gama passa la nuit qui précédait le départ en prière dans la chapelle de la Vierge. Le matin, les équipages communièrent, puis ils furent accompagnés jusqu'au rivage par des prêtres et des moines portan des torches de cire à la main. La foule accompagnait, et presque tout le monde pleurait, car tous croyaient qu'aucun ne reviendrait.

Après quatre mois de traversée, Vasco doubla le cap qu'avait reconnu Barthélemy Diaz et navigua sur l'océan Indien.

Il suivit d'abord la côte d'Afrique, et reconnut Mozambique et plusieurs ports habités par des Maures qui

1. Petit port sur la côte de l'Estramadure, au sud de Lisbonne.

faisaient un commerce avec les Indes. Il prit à Mélinde un pilote pour traverser l'Océan et arriva au port de *Calicut*. Il touchait au but de son voyage.

Un des matelots de Vasco de Gama nous a conservé le récit du premier débarquement des Portugais dans l'Inde : « Celui que Vasco de Gama avait envoyé de son vaisseau pour entamer les premières relations avec le pays, fut mené chez deux Maures de Tunis qui négociaient alors à Calicut et savaient parler le castillan ainsi que le génois. Le premier salut qu'il en reçut fut le suivant : « Que le diable t'emporte! qui t'a amené ici? » Puis ils lui demandèrent ce qu'il était venu chercher si loin, et il leur répondit : « Nous venons chercher des chrétiens et des épices. » Et, l'un de ces Maures l'ayant accompagné jusqu'au navire, il se prit à dire dès qu'il fut à bord : « Bon succès, bon succès! force rubis, force éme- « raudes! vous devez rendre grâces à Dieu pour vous « avoir conduits dans un pays où il y a tant de richesses. »

Après un voyage qui avait duré trois ans, Vasco de Gama revint à Lisbonne. Il y fut accueilli avec enthousiasme.

Les résultats de ce voyage devaient être incalculables. L'Europe put négocier directement avec toute l'Asie orientale. Mais alors l'importance commerciale de Venise tomba pour passer d'abord au Portugal, puis à toutes les nations qui avaient des ports sur l'océan Atlantique.

Puis l'Europe, qui ne connaissait guère jusque-là que le monde chrétien et le monde musulman, se trouva en présence de populations nouvelles, de puissants empires, de civilisations inconnues et merveilleuses, de religions comprenant des centaines de millions d'adeptes. Le monde se trouvait plus que doublé, et c'est au Portugal qu'en revenait la gloire.

Ce grand mouvement de découvertes, qui comprend la période la plus glorieuse de l'histoire du Portugal et qui lui mérite une éternelle reconnaissance, a été immortalisé par un grand poète, LE CAMOENS.

Né à Lisbonne en 1524, le Camoëns passa toute sa vie dans des expéditions militaires ou maritimes. Il perdit un œil d'un coup de mousquet à Ceuta en combattant contre les Maures. Il parcourut les Indes et se prit d'une vive admiration pour l'homme qui avait donné à sa patrie l'honneur de si belles découvertes. Il résolut de consacrer son génie à chanter la gloire de Vasco de Gama et du Portugal, et écrivit son poème des LUSIADES [1].

Camoëns.

Tous les sentiments de ces merveilleuses expéditions se trouvent réunis dans le poème de Camoëns. On y sent l'émotion religieuse et les inquiétudes du départ. Le frisson qui saisit le cœur au moment solennel ou l'on va franchir le cap redouté pour s'engager sur la mer inconnue des Indes, et le noble courage de Vasco de Gama sont reproduits dans ce récit, où le géant Adamastor se lève tout d'un coup de la mer pour effrayer les Portugais et les arrêter dans leur entreprise. La fierté patriotique que le poète éprouve pour l'œuvre accomplie par le Portugal anime tout l'ouvrage.

La vie de ce grand poète est touchante par les malheurs continuels dont elle fut remplie. Dans un de ses voyages aux Indes, le vaisseau qui le portait fit naufrage, fut brisé, et le poète perdit tout, excepté un manuscrit des *Lusiades*, qu'il tenait d'une main au-dessus des flots, tandis qu'il nageait de l'autre. Enfin il

---

1. *Lusiades* ou poésies portugaises, du nom de *Lusitanie* qu'on donnait dans l'antiquité au Portugal.

revint à Lisbonne, où il tomba dans une affreuse misère.

Sa vieillesse fut un combat perpétuel contre la faim. Un seul ami lui resta dans son infortune : c'était un pauvre esclave, nommé *Antoine*, qu'il avait ramené de l'Inde. Il allait mendier de porte en porte et revenait partager avec son maître ce qu'il avait pu obtenir. Camoëns mourut enfin à soixante-deux ans, sur un misérable grabat d'hôpital où il s'était jeté, désespéré et mourant de faim.

Quinze ans après, tous les Portugais connaissaient les *Lusiades* et élevaient un monument à leur poète national.

CHAPITRE II

CHRISTOPHE COLOMB (1446-1506)

Tandis que les Portugais arrivaient aux Indes par le sud de l'Afrique, Christophe Colomb découvrait pour l'Espagne le *nouveau monde* ou l'*Amérique*.

CHRISTOPHE COLOMB était un Génois. Comme le faisaient les plus actifs et les plus intelligents parmi ses compatriotes, il se destinait au commerce maritime, et, pour y réussir, il se mit à étudier avec ardeur les mathématiques, l'astronomie et la géographie connues de son temps [1]. Puis il voyagea pour faire le commerce aux ports du Levant. Dans ses études et ses voyages, il puisa la conviction que la terre était ronde et qu'on n'en connaissait qu'une faible partie. De plus, il était, comme les navigateurs portugais, poursuivi par l'idée de chercher une route maritime vers les Indes. Mais, au lieu d'y arriver par le sud de l'Afrique, il pensait, puisque la terre

---

1. Gênes la Superbe, comme Venise la Dominante, s'étaient enrichies au commerce des produits de l'Asie, qui arrivaient aux ports de la Méditerranée et de la mer Noire par l'intermédiaire des populations musulmanes.

était ronde, qu'il suffisait de s'avancer toujours à l'ouest dans l'océan Atlantique, et qu'on finirait par arriver aux îles d'Asie et à la Chine, dont le voyageur vénitien Marco Polo [1] avait conté les merveilleuses richesses.

Il exposa ses idées à ses compatriotes, qui le traitèrent d'insensé. Il s'adressa au roi d'Angleterre, au roi de Portugal, qui, occupés d'autres affaires, repoussèrent ses offres. Puis on lui faisait des objections ridicules : on lui demandait, si la terre était ronde, comment ceux qui vivaient sur la partie opposée à la nôtre faisaient pour se tenir sur leurs pieds. Un seul homme le comprit et l'encouragea : c'était Juan Pérez de Marchenna, prieur d'un couvent de Franciscains,

Christophe Colomb.

homme éclairé et avide de savoir. Il l'engagea à se rendre à la cour d'*Isabelle,* reine de Castille, épouse de *Ferdinand*, roi d'Aragon, et le recommanda vivement au confesseur de la reine. Colomb avait trouvé une souveraine digne de lui et une protectrice fidèle qui lui permit d'accomplir son voyage.

Le 3 août 1492, trois petits bâtiments sortirent du port de Palos, en Andalousie. Ils allèrent d'abord vers le sud-ouest, relâchèrent aux îles Canaries, et, le 10 septembre, ils s'engagèrent dans cet immense Océan inconnu qu'on avait considéré jusque-là comme la limite du monde. Les premiers jours se passèrent bien. Mais l'inquiétude commença à saisir l'équipage. On allait,

1. Voyageur vénitien qui avait parcouru la Chine dans la dernière partie du xiiie siècle.

on allait toujours, et la mer semblait s'étendre à l'infini :
aucune terre n'apparaissait. Un instant le vent tomba et
les vaisseaux cessèrent d'avancer. Les équipages se
révoltèrent, on entoura l'amiral et on voulut le forcer
à revenir vers l'Europe. « J'ai reçu l'ordre, répondit
Colomb, d'aller à la recherche des nouvelles Indes ; tant
que je vivrai, avec l'aide de Dieu, je persévérerai dans
mon entreprise. » Heureusement on commença à apercevoir sur la mer des vestiges d'une terre prochaine :
c'étaient des roseaux, une pièce de bois travaillée, une
branche d'arbre fraîchement coupée et couverte de ses
fruits. Enfin, le 12 octobre 1492, au matin, on aperçut
la terre. Colomb descendit de son navire, vêtu de ses
plus beaux habits, tenant en main le pavillon royal de
Castille. Il s'agenouilla, remercia Dieu de l'heureuse
issue de son entreprise, donna le nom de *San-Salvador*,
ou Saint-Sauveur, à l'île qu'il venait de découvrir, et en
prit possession au nom d'Isabelle.

Colomb croyait être arrivé à des îles qui se rattachaient
à l'Asie, à la Chine et aux Indes[1]. Il avait touché une des
Lucayes qui sont au nord des Antilles. Il découvrit encore dans ce voyage la grande île de *Cuba*, celle d'*Haïti*,
qu'il appela *Hispaniola* ou petite Espagne ; puis il revint
en Europe et rentra au port de Palos le 14 mars 1493.

Isabelle de Castille et Ferdinand d'Aragon le reçurent
avec magnificence, à Barcelone. Il traversa la ville avec
un cortège splendide. La foule regardait avec étonnement et admiration les habitants des contrées inconnues
qu'il avait ramenés avec lui, les oiseaux au plumage
merveilleux, et surtout l'or dont on se figurait ces pays
remplis, et qui devait enrichir l'Espagne pour toujours.

---

1. On sut que l'Amérique formait un monde à part, un *nouveau monde* lorsqu'en 1513 Balboa traversa l'isthme de Panama,
et aperçut de l'autre côté l'immense océan Pacifique qui sépare
l'Amérique de la Chine. On continua cependant, dans la langue
commerciale, à appeler l'Amérique les Indes Occidentales , et
nous appelons encore les naturels de ces pays les Indiens.

Ferdinand et Isabelle attendaient Colomb sous un dais de brocart d'or. A sa vue, ils se levèrent, ils écoutèrent le récit de son voyage et comblèrent l'amiral de marques d'honneur et de reconnaissance.

Ce fut un très beau moment dans la vie de Christophe Colomb. Mais ces jours de gloire et de bonheur ne devaient pas durer. Colomb fit encore trois voyages aux pays qu'il avait découverts. Pendant son absence, on le calomnia près des souverains. Ferdinand d'Aragon ajouta foi aux calomnies, et l'on vit, un jour, revenir sur un vaisseau, chargé de fers, celui qui avait ouvert de si belles contrées à l'Espagne.

Isabelle fit rendre justice à Colomb; mais elle mourut en 1504, et Colomb ne fit plus que languir pendant deux ans. Il mourut en 1506, à Valladolid, accablé de chagrins et d'infirmités. Il voulut qu'on l'enterrât avec les chaînes dont il avait été chargé à son troisième voyage, pour rappeler l'ingratitude dont on avait payé ses services.

Colomb n'eut même pas la gloire de donner son nom à sa découverte. Bientôt on reconnut une grande partie du continent nouveau. Un Florentin, *Améric Vespuce*, fit une relation sur ces nouvelles terres. Elle fut lue avec avidité, et on s'accoutuma à appeler pays d'*Améric*, ou *Amérique*, le monde découvert par Colomb.

Colomb est resté le modèle des navigateurs et de ceux qui aspirent à découvrir de nouveaux pays. S'il voulait, en effet, aller trouver des peuples jusque-là inconnus, ce n'était pas seulement dans le but de donner à l'Europe les productions de ces contrées et de faire du commerce. Il voulait aussi les arracher aux ténèbres de la barbarie et de l'idolâtrie, et les rattacher à la religion et à la civilisation européennes.

Ces nobles intentions furent trop oubliées après lui par les Espagnols, qui se précipitèrent avidement sur ces pays pour y chercher de l'argent et de l'or, et pillèrent indignement les populations, dont quelques-unes disparurent presque entièrement soit dans les massacres, soit par les fatigues dont on les accablait.

CHAPITRE III

GUTEMBERG (1400-1468)

Le moyen âge, surtout au treizième siècle, avait été une époque de grande activité intellectuelle. Il y avait dans tous les pays de l'Europe des Universités célèbres, et celle de Paris tenait le premier rang. Il y avait des savants illustres, des milliers d'étudiants avides d'apprendre ; mais les livres étaient rares et chers. Il fallait les écrire à la main : on étudiait avec des *manuscrits* [1].

Il arrivait aussi que, si l'on venait de recopier certains ouvrages, ils se perdaient. C'est ainsi qu'avaient disparu pour toujours un grand nombre de chefs-d'œuvre de l'antiquité grecque et romaine. Enfin, lorsque des auteurs voulaient répandre des idées qu'on croyait funestes, il était possible de les en empêcher en brûlant les rares exemplaires qu'ils avaient pu faire copier.

Tous ces inconvénients disparurent quand Gutemberg eut inventé l'Imprimerie [2].

GUTEMBERG naquit à *Mayence* vers l'an 1400. Dès sa jeunesse, il fut porté vers les travaux de l'industrie et les inventions. Il avait conçu le projet d'étudier tous les métiers naissants et de leur faire accomplir de grands progrès, en formant de grands ateliers d'ouvriers habiles et travaillant sous sa direction. Il voulait créer ce qu'on appelle la *grande industrie*, qui existe aujourd'hui partout.

Dans cette idée, il vint à *Strasbourg*. Là, malgré les

---

1. Des mots latins *manus*, main, *scribere*, écrire : écrit avec la main.

2. Imprimerie, de deux mots latins, *in*, sur, *premere*, presser. On presse les caractères couverts d'encre sur le papier.

railleries et les mépris de sa famille, il abandonna son
titre de gentilhomme pour se livrer à des travaux
manuels. Puis il fonda avec trois bourgeois de Strasbourg une société qui établit ses premiers ateliers dans
un vieux monastère abandonné.

Il s'agissait de fabriquer en grand des gravures sur
bois. Cette gravure avait fait depuis quelque temps de
grands progrès. On gravait sur le bois des figures, des
scènes entières ; on y ajoutait le nom du graveur, le
nom des personnages,
et souvent quelques li-
gnes pour expliquer ce
qu'ils étaient et la scène
représentée. Gutemberg
se demanda si l'on ne
pourrait pas faire pour
les livres ce qu'on faisait
pour ces images. Il son-
gea à travailler des planches sur lesquelles, au
lieu d'images gravées en
creux, il sculpterait des
lettres en relief et pourrait ainsi obtenir une
foule d'exemplaires de
la page une fois prépa-

Gutemberg.

rée. Les associés acceptèrent son idée, mais la mort de
l'un d'entre eux rompit l'association. On avait dépensé
beaucoup d'argent pour ces premiers essais. Gutemberg
se trouvait fort appauvri.

Il ne se découragea pas et continua ses recherches. Il
recommença à graver des planches pour reproduire une
grammaire latine à l'usage des enfants. En travaillant,
il s'aperçut que bien des syllabes revenaient sans cesse :
il eut l'idée de les graver à part et de réserver sur sa
planche, à la place qu'elles devaient occuper, des trous
où il serait facile de les placer. Il eut ainsi à tracer des

syllabes d'une seule lettre. Mais alors une idée lumineuse lui apparut. Pourquoi ne pas sculpter isolément les lettres de l'alphabet et avec ces lettres composer tous les mots possibles? L'idée de l'imprimerie ou *typographie* [1] était trouvée.

Cependant les caractères de bois s'usaient vite. Gutemberg eut l'idée de ciseler des caractères mobiles en métal, de sorte qu'ils pussent durer presque indéfiniment.

Mais ces caractères en métal coûtaient cher. Il fallait du temps avant qu'on en eût un nombre suffisant pour imprimer un livre considérable, et Gutemberg était ruiné. Il lui fallut chercher quelqu'un qui voulût bien lui prêter de l'argent sur la foi de son idée. Il s'adressa aux commerçants, aux usuriers. Enfin un riche orfèvre consentit à l'écouter et à lui prêter une somme, à condition de partager les bénéfices de l'entreprise. Cet orfèvre s'appelait Fust.

Quelque temps après, Fust amenait à Gutemberg un jeune homme pour l'aider dans ses travaux : c'était Pierre Schæffer. Gutemberg lui découvrit tout le secret de son invention et le traita en fils adoptif. Schæffer perfectionna l'œuvre en conseillant à Gutemberg de fondre ses caractères au lieu de passer un long temps à les ciseler. L'invention était complète en 1452.

Gutemberg touchait à l'heure du triomphe et de la fortune quand il fut indignement trahi. Fust lui réclama brusquement les sommes qu'il lui avait prêtées. Gutemberg fut condamné à les payer, et, à ce moment, Schæffer, maître de tout son secret, l'abandonna pour créer une imprimerie avec Fust. De ses rêves de gloire, Gutemberg retombait dans une profonde misère et le cœur désespéré par cette trahison.

En 1456, Fust et Schæffer faisaient paraître, à Stras-

---

1. Typographie, de deux mots grecs, *typos*, caractère, et *graphein*, écrire, graver. C'est-à-dire sculpter des caractères ou lettres avec lesquelles on formera des mots à imprimer.

bourg [1], avec les caractères inventés par Gutemberg, le premier livre imprimé, une Bible latine. Ils comptaient la vendre très cher en la faisant passer pour manuscrite; Gutemberg déclara hautement qu'elle était imprimée avec des caractères mobiles. Le monde apprit ainsi l'invention de l'imprimerie, en même temps que paraissait le premier chef-d'œuvre imprimé.

Cependant Gutemberg était réduit à la plus grande pauvreté, et jusqu'à implorer la charité publique.

Un homme de cœur, le syndic de Mayence, *Conrad Humery*, eut pitié de tant de génie et de tant de misère. Il prêta de l'argent à Gutemberg. Celui-ci se remit à l'ouvrage, et en 1460 il publia un livre imprimé par ses mains et en tête duquel il écrivit : « Avec le secours du Très-Haut, par la volonté duquel les langues des enfants deviennent éloquentes, et qui souvent révèle aux petits enfants ce qu'il cache aux sages, l'an de l'incarnation de Notre-Seigneur 1460, dans Mayence, ville prospère de l'illustre nation germaine, et que la clémence de Dieu a daigné par sa grâce placer en tête des nations par un trait de génie si lumineux, sans le secours du roseau, du stylet ou de la plume, mais par une admirable harmonie, proportion et mesure de modèles et de moules, ce beau livre, le *Catholicon* [2], a été imprimé et achevé. » Le grand homme donnait sa découverte à l'humanité et n'oubliait rien que son nom.

L'humanité reconnaissante a fait de son nom un des plus illustres parmi ceux de ses bienfaiteurs. Dorénavant, les hommes de génie pouvaient écrire en toute sécurité, leurs œuvres devaient être vraiment immortelles. Les grandes pensées ne pouvaient plus périr. La science allait se répandre partout; elle allait se mettre à

---

1. Tous ces essais avaient été faits à Strasbourg. C'est pour cela qu'on a élevé sur une des places de Strasbourg une statue à Gutemberg.

2. *Catholicon* veut dire livre catholique ou universel. Il comprenait un cours complet d'études grammaticales.

la disposition du plus humble et du plus pauvre. Tous ceux qui sont heureux de lire et d'apprendre doivent remercier du fond du cœur Gutemberg.

CHAPITRE IV

BERNARD PALISSY (1510-1589)

Après Gutemberg, un admirable exemple de persévérance dans le travail, de mépris pour la douleur, pour les railleries du vulgaire, pour la misère la plus affreuse, pour la mort même quand il s'agit d'accomplir une œuvre qu'on croit bonne et utile, fut donné par *Bernard Palissy*.

Palissy naquit à La Capelle-Biron [1], vers 1510. Son père, qui dirigeait une fabrique de tuiles, lui fit apprendre dans sa jeunesse le métier lucratif et artistique de peintre sur verre. Pour se perfectionner dans son art, il parcourut plusieurs provinces de la France, les Pays-Bas, une partie de l'Allemagne et revint se marier et s'établir à l'âge de vingt-cinq ans.

C'est alors qu'il conçut le projet de trouver le secret par lequel les artistes italiens émaillaient la terre de faïence et parvenaient à produire ces belles poteries, vernies et couvertes de sujets variés aux brillantes couleurs, recherchées par toute l'Europe.

Négligeant son établissement de verrerie, il se mit à fabriquer des poteries. Il lui fallut tout apprendre, et, quand il fut parvenu à fabriquer régulièrement des vases, il chercha le secret de les émailler. Mais rien ne le dirigeait dans cette tâche. Il devait travailler seul et « comme un homme qui tâte en ténèbres », recommençant cent fois ses essais, se croyant parfois sur le point de réussir et toujours obligé de se remettre à l'œuvre, sans jamais se décourager.

1. Village près de Bergerac (Dordogne).

C'est alors que commença cette longue lutte du génie
contre la misère qu'il nous a si bien racontée lui-même.
Peu à peu, il s'était ruiné dans des essais qui coûtaient
fort cher; ses parents, ses amis sa femme l'accablèrent
de reproches, et ses enfants lui demandèrent du pain.
On le voyait, près d'un four qu'il avait construit, passer les jours et les nuits à surveiller la cuisson de ses
poteries émaillées. Un jour, on le vit arracher jusqu'au
plancher de sa maison pour alimenter son feu. Cette
fois, on le crut devenu
fou. Mais laissons-le ra-
conter lui-même.

« Quand je crus avoir
trouvé l'émail blanc qui
était singulièrement beau,
je me mis à faire des vaisseaux de terre, combien
que je n'eusse connu terre,
et, ayant employé l'es-
pace de sept ou huit mois
à faire lesdits vaisseaux [1],
je me pris à ériger un fourneau semblable à ceux des
verriers, lequel je bâtis
avec un labeur indici-

Bernard Palissy.

ble : car il fallait que je maçonnasse tout seul, que je
détrempasse mon mortier, que je tirasse l'eau pour la
détrempe d'icelui; aussi me fallait-il aller quérir la
brique sur mon dos, à cause que je n'avais nul moyen
d'entretenir un seul homme pour m'aider en cette
affaire. Je fis cuire mes vaisseaux en première cuisson ;
mais quand ce fut à la seconde, je reçus des tristesses et
labeurs tels que nul homme ne voudrait croire. Car, au
lieu de me reposer de mes labeurs passés, il me fallut
travailler l'espace de plus d'un mois, nuit et jour, pour

1. Vaisseaux dans le sens de *vases* ou poteries.

broyer les matières desquelles j'avais fait mon émail. Et, quand j'eus broyé lesdites matières, j'en couvris les vaisseaux que j'avais faits. Ce fait, je mis le feu dans mon fourneau, et je mis aussi mes vaisseaux dans ledit fourneau pour faire fondre les émaux que j'avais mis dessus. Mais c'était une chose malheureuse pour moi; car combien que je fusse six jours et six nuits devant ledit fourneau, sans cesser de brûler bois par les deux gueules, il ne fut possible de pouvoir faire fondre ledit émail, et étais comme un homme désespéré. Et, combien que je fusse tout étourdi du travail, je me vais aviser que dans mon émail il y avait trop peu de la matière qui devait faire fondre les autres; ce que voyant, je me pris à piler et broyer ladite matière, sans toutefois laisser refroidir mon fourneau : par ainsi, j'avais double peine, piler, broyer et chauffer ledit fourneau. Quand j'eus ainsi composé mon émail, je fus contraint d'aller encore acheter des pots, afin d'éprouver ledit émail, d'autant que j'avais perdu tous les vaisseaux que j'avais faits; et, ayant couvert lesdites pièces dudit émail, je les mis dans le fourneau, continuant toujours le feu à sa grandeur. Mais sur cela il me survint un autre malheur, lequel me donna grande fâcherie, qui est que, le bois m'ayant failli, je fus contraint de brûler les claies qui soutenaient les tailles de mon jardin, lesquelles étant brûlées, je fus contraint de brûler les tables et plancher de la maison, afin de faire fondre la seconde composition. J'étais en une telle angoisse que je ne saurais dire : car j'étais tout tari et desséché à cause du labeur et de la chaleur du fourneau : il y avait plus d'un mois que ma chemise n'avait séché sur moi; encore pour me consoler on se moquait de moi, et même ceux qui me devaient secourir allaient crier par la ville que je faisais brûler le plancher, et par tel moyen on me faisait perdre mon crédit et m'estimait-on être fou. »

Et plus loin encore : « Je me couchais de mélancolie et non sans cause, car je n'avais plus de moyen de subvenir à ma famille. Au lieu de me consoler, on me donnait des malédictions…. et étaient toutes ces nouvelles jointes avec mes douleurs…. Aussi, en travaillant à telles affaires, je me suis trouvé l'espace de plus de dix ans, si fort écoulé en ma personne, qu'il n'y avait aucune forme ni apparence de bosses aux bras ni aux jambes. Ainsi étaient mes jambes toutes d'une venue, de sorte que les liens de quoi j'attachais aux bas de chausses, étaient, soudain que je cheminais, sur les talons avec le résidu de mes chausses. Je m'allais souvent promener dans la prairie de Saintes, en considérant mes misères et ennuis, et, sur toutes choses, de ce qu'en ma maison même je ne pouvais avoir nulle patience, ni faire rien qui fût trouvé bon; j'étais méprisé et moqué de tous. Toutefois l'espérance que j'avais me faisait procéder en mon affaire si virilement que plusieurs fois, pour entretenir les personnes qui me venaient voir, je faisais mes efforts de rire, combien que intérieurement je fusse bien triste. »

Bernard Palissy ne fut pas seulement l'homme dévoué à son invention, l'artiste qui nous a laissé ces admirables poteries émaillées qu'il appelait modestement ses *rustiques figulines;* il fut aussi un des plus illustres savants des temps modernes.

Ce fut un savant véritable et auquel nous devons toute notre reconnaissance : car, s'il cultiva la science, ce n'était pas uniquement pour savoir plus que les autres et pour acquérir des honneurs ou de la richesse ; il voulut savoir pour être utile aux hommes et à la patrie.

Partout où il était allé, Palissy avait étudié la nature des pays, leur sol, leurs productions. Il avait fait des réflexions profondes sur la différence des terrains, sur la variété des cultures, sur la manière dont se produisaient les eaux, les sources et les fleuves. Il mit le résultat de ses réflexions et de son savoir à la disposition des agriculteurs dans un livre ayant pour titre : *Recette véritable, par laquelle tous les hommes de France pourront apprendre à augmenter et à multiplier leurs trésors.*

Quand la découverte de l'émail lui eut permis de refaire sa fortune, il continua plus activement ses observations et vint à Paris pour les faire connaître. Il y composa la première collection d'histoire naturelle qu'on ait faite en France, et ouvrit un cours public où il enseigna pendant neuf ans aux hommes les plus éclairés de son temps le résultat de ses curieuses et persévérantes recherches. Il créa ainsi en France la science de la terre et de sa formation, la *géologie.*

Il ne se contenta pas d'enseigner par la parole. Il voulut prendre la grande voix de l'imprimerie pour enseigner à tous ce qu'il savait. Mais le livre qu'il publia le fit accuser d'être hostile à la foi catholique. Bernard Palissy, qui en effet s'était fait protestant, fut jeté à la Bastille.

Le roi Henri III alla l'y trouver et, voulant le sauver, lui demanda d'abjurer sa croyance. « Sire, répondit Palissy, je suis prêt à donner ma vie pour la gloire de Dieu. Ni vous ni votre parole ne pouvez rien sur moi, car je sais mourir. »

L'artiste plein de génie et de courage indomptable, le savant illustre, le grand patriote, mourut à la Bastille en 1589.

CHAPITRE V

GALILÉE (1564-1642)

Les voyages de *Christophe Colomb* et de *Vasco de Gama* avaient fait connaître l'étendue de la terre ; *Bernard Palissy* avait commencé à en étudier la formation ; *Galilée* fit connaître la place qu'elle occupe dans le système solaire.

GALILÉE naquit à Pise en 1564. Il se fit remarquer

dans sa jeunesse par une merveilleuse aptitude pour les sciences, et par un esprit d'observation qui le poussait à se rendre compte de ce qu'il voyait et à en déduire des raisonnements et des conséquences. Puis il exposait avec tant de clarté et d'éloquence les sciences les plus difficiles, qu'il fut choisi pour professeur à l'Université de Padoue. Il avait alors vingt-huit ans.

C'est là qu'il commença ses travaux sur le système du monde.

L'opinion généralement admise alors et enseignée dans toutes les Universités, était que la terre était immobile au centre du ciel et que les astres et le soleil tournaient autour d'elle. Dès la plus haute antiquité, des hommes illustres, comme Pythagore, avaient déjà exposé qu'il pouvait bien en être autrement et que la terre au contraire tournait autour du soleil ; mais ce n'était qu'une supposition ou hypothèse.

Galilée.

Copernic, de Thorn, le premier parvint, à la suite de longues observations, à prouver par des démonstrations scientifiques que la supposition de Pythagore était vraie. Il exposa son système en 1543. Mais son livre était écrit en latin, et il fit peu de bruit dans le monde.

Galilée reprit les travaux de Copernic. Mais il alla plus loin encore. Ayant appris qu'un Irlandais avait présenté au comte Maurice de Nassau une lunette avec laquelle on voyait les choses éloignées comme si elles étaient proches, il réfléchit sur cette découverte, et parvint à inventer et à construire une longue lunette, un télescope [1], avec lequel il examina le ciel.

« Il vit alors ce que, jusque-là, n'avait vu nul mortel : la surface de la lune semblable à une terre hérissée de hautes montagnes et sillonnée par des vallées profondes ; Vénus présentant comme elle des phases qui prouvent sa rondeur ; Jupiter environné de quatre satellites qui l'accompagnent dans son cours ; la voie lactée, les nébuleuses, tout le ciel enfin, parsemé d'une multitude d'étoiles, trop petites pour être aperçues à la simple vue [2]. »

Galilée voulut faire profiter le monde de ses découvertes. Il fonda un véritable journal, le *Courrier céleste*, dans lequel il exposait ce qu'il apercevait de nouveau, et donnait ainsi à ses contemporains des nouvelles de ce monde merveilleux qu'il était allé découvrir dans les profondeurs du ciel.

Ces observations confirmèrent les démonstrations de Copernic. La terre n'était plus le centre du monde. C'était une planète comme tant d'autres qui font cortège à l'astre-roi, au foyer lumineux qui répand partout la vie, au soleil.

Pénétré de cette conviction et fier de cette découverte, Galilée mit une ardeur singulière à la répandre. Il laissa de côté la langue savante, le latin, et écrivit en italien pour que tous ses compatriotes pussent le comprendre et apprendre. La science ne devait pas être le privilège de quelques hommes : elle devait être aussi à la portée de tous. Bientôt en effet tous surent la grande nouvelle. Tous levaient les yeux et contemplaient le ciel. Il semblait que jusque-là on ne l'eût jamais vu. Ces astres immuables apparaissaient vivants et en marche. L'humanité apprenait qu'elle faisait partie de ce mouvement immense et, tout émue, se sentait entraînée

---

1. Télescope, de deux mots grecs, *télé*, loin, et *scopein*, voir : qui sert à voir au loin.

2. Biot, *Biographie universelle*, article GALILÉE.

avec ces mondes étincelants animés d'une vie éternelle.

Mais l'ardeur de Galilée, l'enthousiasme qui accueillait ses démonstrations, inquiétèrent les théologiens. Les théories nouvelles paraissaient contraires à la Bible et aux Livres saints. Les savants qui soutenaient les vieilles théories dénoncèrent Galilée comme ennemi de l'Eglise, et le savant fut traduit à Rome devant le tribunal de l'*Inquisition* [1].

On lui fit d'abord défense de continuer à professer la doctrine de Copernic, « comme absurde et formellement hérétique, parce qu'elle est contraire aux Ecritures ». Galilée resta seize ans sans rien dire. Mais l'amour de la science et de la vérité l'emporta. Il avait fait de nouvelles observations et s'était de plus en plus pénétré de la vérité de son système. Il publia quatre dialogues pour l'exposer complètement.

L'Inquisition le cita de nouveau devant elle. Cette fois, le cas était plus grave. Galilée avait manqué à sa promesse et pouvait être condamné à être brûlé vif. On lui promit de ne le condamner qu'à une prison perpétuelle, s'il consentait à se rétracter. Effrayé à la pensée des tortures qu'il lui faudrait endurer, Galilée accepta, et il dut, à genoux devant le tribunal, prononcer la formule suivante : « Moi Galilée, à la soixante-dixième année de mon âge, constitué personnellement en justice, étant à genoux et ayant devant les yeux les saints Evangiles, que je touche de mes propres mains, d'un cœur et d'une foi sincères, j'abjure, je maudis et déteste les absurdités, erreurs et hérésies que j'ai enseignées jusqu'à ce jour. »

On prétend que, en se relevant et en essuyant la poussière de ses genoux, Galilée s'écria tout bas : « Et pourtant elle tourne ! » Si ce mot n'a pas été prononcé par Galilée, il l'a été par les siècles suivants. L'Inquisition était à jamais discréditée par ce jugement absurde.

---

1. Inquisition, du mot latin *inquirere*, s'informer, s'enquérir : tribunal qui recherchait et jugeait ceux qui répandaient des doctrines contraires au catholicisme.

L'admiration et la reconnaissance pour Galilée croissaient à mesure que se répandait la science, dont il avait été l'un des créateurs et l'éloquent apôtre.

SEPTIÈME PARTIE

TEMPS MODERNES

Première série : Hommes d'État.

CHAPITRE PREMIER

HENRI IV (1553-1610)

A la fin du XVIe siècle, la France était ensanglantée par les guerres civiles entre les *catholiques* et les protestants *calvinistes* [1] ou *huguenots*. L'acharnement des deux partis était extrême : les étrangers en profitaient pour affaiblir le pays et tâcher de s'y établir. Beaucoup de princes allemands et la reine d'Angleterre, *Elisabeth*, soutenaient les protestants ; le roi d'Espagne, *Philippe II*, soutenait les catholiques. Des ambitieux, comme *Henri de Guise*, voyaient dans la guerre civile un moyen d'arriver aux plus hautes destinées. Tous ces partis ennemis torturaient, pillaient et ensanglantaient la France. La ruine, la misère et l'anarchie étaient partout. La France fut sauvée par *Henri de Bourbon* ou Henri IV.

Henri IV naquit à Pau [2] le 13 décembre 1553. Il était fils de Henri de Bourbon, roi de Navarre, et de *Jeanne d'Albret*. A sa naissance, son grand-père Henri d'Albret

1. C'est-à-dire disciples de la religion de *Calvin*, qui était mort tout-puissant à Genève, dont il avait fait le centre de sa propagande. Les protestants de Genève s'appelaient *huguenots* ou *confédérés*. Ce nom passa à ceux de France.

2. C'est pour cela qu'on appelait familièrement Henri IV : le *Béarnais*.

le prit, lui frotta les lèvres d'une gousse d'ail et lui fit
boire quelques gouttes de vin de Jurançon, pour marquer qu'il désirait le voir devenir plus tard un homme
vigoureux et méprisant la mollesse.

Sa mère, Jeanne d'Albret, ardente calviniste, fit élever
son fils dans la religion protestante. Elle fit mieux encore : elle voulut qu'il reçût une instruction solide et ne
fût pas un prince inutile et vulgaire. Henri garda toujours la plus profonde reconnaissance pour sa mère.

Henri IV.

« Cette bonne mère, à qui je dois tout, écrivait-il plus
tard, ne voulut pas faire de moi un illustre ignorant. »
Son livre de prédilection était Plutarque. Le récit des
belles actions des grands hommes l'excitait à marcher sur
leurs traces et formait son cœur aux nobles sentiments.

Devenu roi de Navarre à la mort de son père, Henri
se trouva, dès l'âge de seize ans, jeté dans les combats
des guerres civiles et considéré par les protestants comme
leur chef. *Henri III* étant venu à mourir sans héritier,
Henri de Bourbon fut appelé au trône en 1589.

C'est alors que commença son grand rôle politique. Il voulut terminer les guerres civiles et rendre à la France sa prospérité et sa grande situation en Europe.

Henri IV commença par plaire aux deux partis par ces sentiments de bravoure et de loyauté qui touchent toujours les cœurs français. « Vous êtes le roi des braves, » lui disait un gentilhomme catholique à son avènement. Et tous les hommes de cœur étaient ses amis. Il leur parlait et leur écrivait familièrement : «Pends-toi, brave Crillon, nous avons combattu à Arques, et tu n'y étais pas ! » Sur le champ de bataille d'Ivry, il disait à ses troupes avant la bataille : « Si vous perdez vos cornettes et vos enseignes, ralliez-vous à mon panache blanc. Vous le trouverez toujours au chemin de l'honneur et de la victoire. » Il cherchait à rendre la guerre civile moins meurtrière ; mais il se montrait sans pitié pour les étrangers, dont l'intervention aggravait nos discordes. « Quartier pour les Français, disait-il après la victoire, mais main basse sur les Espagnols ! »

Henri IV avait été dans sa jeunesse vivement frappé du massacre de la Saint-Barthélemy [1]. Il avait vu, à dix-neuf ans, cette nuit sanglantée, où les protestants étaient chassés comme des bêtes fauves et massacrés dans les rues de Paris, où lui-même avait été réveillé violemment, amené devant le roi Charles IX et sommé de choisir entre la mort et l'abjuration, et ces souvenirs étaient toujours devant lui. Ils lui avaient inspiré une profonde horreur des guerres civiles et un vif sentiment de la tolérance religieuse. Dans ces protestants et ces catholiques il ne voulait voir que des Français.

On le comprit lors du siège de Paris en 1590. La ville était réduite aux dernières extrémités. La famine la plus affreuse régnait. On allait jusqu'à piler les os des morts pour essayer d'en faire une pâte qu'on pût manger. On dit même que des affamés faisaient la chasse aux

1. Charles IX et sa mère, Catherine de Médicis, y avaient ordonné un massacre général des protestants français (24 août 1572).

petits enfants. Tandis que les partisans de l'Espagne et les fanatiques refusaient d'ouvrir leurs portes, sous prétexte que le roi était un huguenot, Henri IV se montrait aussi humain que la guerre le lui permettait. Il laissait sortir de la ville les bouches inutiles ; il laissait parfois introduire du pain pour les assiégés. Un jour, on lui amena deux paysans qui avaient cherché à introduire des vivres dans la ville. Il les fit relâcher et leur donna de plus tout l'argent qu'il avait sur lui. « Allez, dit-il, le Béarnais est pauvre ; s'il en avait davantage, il vous le donnerait. » Il ajoutait : « J'aimerais mieux quasi n'avoir point de Paris que de l'avoir ruiné par la mort de tant de personnes. »

Le moyen de terminer les guerres civiles, c'était que le roi se ralliât à la religion de l'immense majorité des Français, en garantissant la plus entière liberté de conscience aux protestants. Henri IV le comprit. Il abjura le calvinisme en 1593. Paris lui ouvrit ses portes l'année suivante. Henri IV laissa sortir la garnison espagnole, qui avait demandé à capituler. Elle défila devant le roi, qui était à une fenêtre du Louvre. En tête de la troupe marchait l'ambassadeur d'Espagne. Henri IV le salua et lui dit : « Présentez mes hommages au roi votre maître, mais dites-lui qu'il n'y revienne plus. »

Quand la paix fut assurée, Henri IV donna aux protestants le libre exercice de leur religion par l'*édit de Nantes*, en 1598. Ce fut la fin des guerres religieuses. Henri IV avait définitivement établi en France la tolérance et la liberté de conscience.

Henri IV s'occupa alors de refaire la France, épuisée par les guerres civiles. Aidé de son ministre et ami *Sully*, il y déploya une persévérance infatigable, et à la fin de son règne la France était prospère. Elle avait une bonne armée, un trésor bien rempli, et elle s'apprêtait à jouer un grand rôle dans les affaires européennes.

Mais si Henri IV préparait la guerre, ce n'était pas pour le monstrueux plaisir de la faire et d'y acquérir de

6.

la gloire. Dans sa pensée, la guerre qu'il méditait devait être l'une des dernières. Il la faisait pour assurer en Europe le principe de la liberté de conscience, et il méditait d'établir entre tous les États, sous la protection de la France, une paix perpétuelle.

Ce roi, qui avait rendu à la France de si grands services, fut sans cesse en butte à des conjurations et à des tentatives d'assassinat. Il y en eut dix-neuf contre lui. Enfin, le 14 mai 1610, lorsqu'il revenait au Louvre par l'étroite rue de la Ferronnerie, un embarras de voitures arrêta son carrosse. Un misérable nommé Ravaillac s'élança, mit le pied sur une des roues du carrosse et frappa le roi au cœur de deux coups de couteau.

CHAPITRE II

LE CARDINAL DE RICHELIEU (1585-1642)

L'œuvre commencée par Henri IV avait été brusquement interrompue par l'assassinat du grand roi. Il laissait pour successeur un enfant de dix ans, *Louis XIII*, et le pouvoir fut exercé par la régente, mère du roi, *Marie de Médicis*. Pendant quatorze ans, les ministres et les courtisans ruinèrent la France, qui retombait dans la misère et l'anarchie, lorsque Louis XIII prit pour principal ministre le *cardinal de Richelieu*.

ARMAND DUPLESSIS, *cardinal* DE RICHELIEU, naquit à Paris en 1585. Remarqué dès sa jeunesse par Henri IV pour son esprit sérieux et ses talents, il devint rapidement évêque de Luçon et, après la mort du roi, aumônier de Marie de Médicis. Au milieu des intrigues de cour, il apprit à connaître le gouvernement et fut fait premier ministre en 1624.

Sa première préoccupation fut de soumettre tout le monde à l'autorité royale, que les seigneurs affectaient de mépriser. Il n'y avait aucune égalité. Il semblait que la loi fût faite pour le peuple seulement, mais nullement pour les gentilshommes. En 1614, dans une réunion d'états généraux [1], un orateur ayant dit que les bourgeois étaient les frères cadets des nobles, un gentilhomme protesta contre cette expression et dit qu'il ne devait y avoir entre les gentilshommes et les gens de la bourgeoisie d'autres rapports que ceux de maîtres à valets. Richelieu rappela ces nobles orgueilleux à l'obéissance et frappa impitoyablement ceux qui ne voulaient pas se soumettre. Ainsi le duc *de Montmorency*, qui, malgré sa haute noblesse, son courage et ses grandes qualités, fut décapité à Toulouse pour avoir voulu commencer une guerre civile. Ainsi la mère du roi, Marie de Médicis, qui, ayant conspiré contre le

Le cardinal de Richelieu.

ministre, fut chassée de France et mourut presque pauvre à Bruxelles.

A ce moment, la France était en proie à la fureur des duels. Chaque année, une foule de jeunes gens périssaient dans des combats singuliers, qui avaient pour causes les motifs les plus futiles. Richelieu déclara que les survivants d'un duel seraient punis de mort. Deux gentilshommes, pour marquer leur mépris de cette ordon-

---

1. On appelait ainsi la convocation par le roi des trois ordres ou *états* de la société française : le clergé, la noblesse et la bourgeoisie ou troisième ordre, tiers état.

nance, allèrent se battre en plein midi, sur la place Royale [1]. C'étaient Deschapelles et Bouteville ; on les surnommait les *illustres gladiateurs*. Ils furent arrêtés et envoyés à l'échafaud.

Le dernier germe des anciennes guerres civiles et religieuses fut aussi détruit par Richelieu. Henri IV, pour rassurer les *protestants*, leur avait laissé des privilèges politiques, le droit d'avoir quelques places fortes, dites places de sûreté, dont la principale était *La Rochelle*. Inquiets sur les intentions de Richelieu, ils voulurent reprendre les armes. Richelieu résolut de leur prendre La Rochelle. Pour être sûr d'être obéi par les gentilshommes qui remplissaient alors les grades des armées, il se fit nommer par le roi lieutenant général de ses armées dans l'Ouest, et dirigea tous les travaux et les combats du siège. Il fit faire autour de la ville une ligne de circonvallation de trois lieues. Les protestants comptaient sur l'appui d'une flotte anglaise. Richelieu fit séparer le port de la mer par une digue de quinze cents mètres. La ville se rendit, après avoir résisté treize mois. Mais Richelieu se contenta d'avoir enlevé aux protestants les moyens de pouvoir organiser une guerre civile et leur laissa la plus entière liberté de conscience.

Sous Richelieu, la France joua le premier rôle en Europe dans la fameuse guerre de Trente ans. Les armées françaises étaient partout victorieuses et avaient conquis le *Roussillon*, l'*Artois* et l'*Alsace*, lorsque Richelieu mourut en 1642.

Enfin, la prospérité intérieure ne fut pas négligée par Richelieu. La marine marchande fut créée, des colonies furent fondées, des traités de commerce ouvrirent les marchés les plus lointains à notre industrie.

Richelieu était aussi passionné pour les lettres et les arts. Il aimait les littérateurs, les encourageait et fonda pour eux l'*Académie française*. Il eut pour ami un

1. Aujourd'hui place des Vosges.

peintre préféré, le Poussin. Il fit terminer dans Paris la *place Royale* et construire pour lui le *Palais-Cardinal*, appelé aujourd'hui Palais-Royal [1].

Les ennemis de Richelieu lui reprochèrent sa politique impitoyable envers ses ennemis. Mais c'était pour le bien de la France qu'il agissait ainsi, et ceux qu'il a contribués à délivrer de la tyrannie de la noblesse ne sauraient s'en plaindre. Ses véritables sentiments apparurent à sa mort. Lorsqu'on lui apporta le Saint-Sacrement, il s'écria : « Voilà mon Juge, devant qui je paraîtrai bientôt ; je le prie de bon cœur qu'il me condamne si j'ai eu autre intention que le bien de ma religion et de l'Etat... Je pardonne de tout mon cœur à mes ennemis, et je prie Dieu qu'il me pardonne à moi-même. »

On voit encore le dévouement de Richelieu à son œuvre et au roi qui représentait alors la France, par la belle lettre qu'il écrivait au *cardinal Mazarin* [2], qu'il avait fait accepter par Louis XIII comme son successeur :

« La providence de Dieu, qui prescrit des limites à la vie des hommes, m'ayant fait sentir en cette dernière maladie que mes jours étaient comptés, qu'il a tiré de moi tous les services que je pouvais rendre au monde, je ne le quitte qu'avec le regret de n'avoir pas achevé les grandes choses que j'avais entreprises pour la gloire de mon roi et de ma patrie. Mais, parce qu'il faut nous soumettre aux lois qu'il nous impose, je bénis cette sagesse infinie et je reçois l'arrêt de ma mort avec autant de constance que j'ai de joie de voir le soin qu'elle prend de m'en consoler. Comme le zèle que j'ai toujours eu pour l'avantage de la France a fait mes plus solides con-

---

1. Après Richelieu, il fut habité par Louis XIV, dans son enfance. On l'appela alors Palais-Royal.

2. Jules Mazarin ou *Giulio Mazarini* était un Italien qui entra dans les conseils et l'amitié de Richelieu, dont il avait compris et admiré le génie. Richelieu le fit naturaliser Français, nommer cardinal et lui confia la continuation de ses projets.

tentements, j'ai un extrême déplaisir de la laisser sans l'avoir affermie par une paix générale. Mais, puisque les grands services que vous avez déjà rendus à l'Etat me font assez connaître que vous serez capable d'exécuter ce que j'avais commencé, je vous remets mon ouvrage entre les mains, sous l'aveu de notre bon maître, pour le conduire à sa perfection, et je suis ravi qu'il recouvre en votre personne plus qu'il ne saurait perdre en la mienne. Ne pouvant, sans faire tort à votre vertu, vous recommander autre chose, je vous supplierai d'employer les prières de l'Eglise pour celui qui meurt. »

Louis XIII ne doit pas être séparé de la mémoire de son ministre. Il faut considérer que Richelieu n'aurait jamais pu accomplir tant de grandes choses si le roi ne l'avait soutenu contre tous ses ennemis, même contre son frère et contre sa mère. Louis XIII sut placer l'intérêt de la France avant ses affections de famille. Il mérite notre reconnaissance pour avoir si bien compris et accompli ses devoirs de roi.

TEMPS MODERNES

Deuxième série : Fondateurs d'empire.

CHAPITRE PREMIER

PIERRE LE GRAND (1672-1725)

Il y a deux cents ans, la *Russie* était considérée en Europe comme un Etat asiatique. Composée des provinces qui forment aujourd'hui le centre de l'empire russe et dont la capitale était Moscou, elle ne touchait ni à la Baltique ni à la mer Noire, et était séparée de l'Europe par la Pologne. Ses habitants, avec leurs longues barbes et leurs longues robes, semblaient n'avoir rien de commun avec les populations européennes. On parlait avec curiosité de la cour barbare de ses souverains, des grandes foires de Nijni-Novogorod, où s'étalaient les produits venus de l'Asie par les caravanes ; mais on ne tenait nul compte de ces peuples dans la politique européenne, et jamais ces barbares, sans armée régulière, n'avaient paru sur les champs de bataille de l'Europe.

Des souverains intelligents avaient cherché à rapprocher la Russie de la civilisation européenne. Le tsar *Alexis* avait fait de longs efforts dans ce but. Mais le créateur de la Russie moderne fut son fils PIERRE LE GRAND.

Pierre Alexiovitch [1] monta sur le trône de Russie en

Pierre le Grand.

1682. Il avait alors dix ans. Il dut partager d'abord la couronne avec son frère Ivan, et tous deux régnèrent sous la tutelle de leur sœur *Sophie*. Cette princesse, énergique et ambitieuse, se défiant de l'intelligence et de l'audace que montrait son jeune frère Pierre, l'écartait de la cour. On le laissait agir à sa guise, avec ses soldats, avec ses amis, qu'il s'amusait déjà à organiser comme un bataillon européen. On le voyait même vagabonder dans les rues de Moscou. Mais Pierre profitait aussi de la liberté qu'on lui accordait pour se lier avec

---

1. En Russie, la terminaison *vitch* signifie *fils de :* Alexiovitch, fils d'Alexis.

des étrangers qui faisaient son éducation, lui apprenaient le latin, l'allemand et le hollandais, les sciences, et lui parlaient de l'industrie, du commerce et de l'organisation militaire de cette Europe, si supérieure à la Russie barbare. Quand Pierre eut dix-sept ans, il voulut enfin régner. Il arma le peuple contre sa sœur Sophie, la fit enfermer dans un couvent et se trouva le maître de l'empire Russe en 1689.

Alors commença l'œuvre de transformation de la Russie. Pierre l'accomplit avec une énergie incroyable, exécutant tout par lui-même quand les hommes lui manquaient, ordonnant et surveillant l'exécution de ses ordres, brisant les obstacles que lui opposait la barbarie de son peuple, et créant presque de toutes pièces, par un effort de son indomptable volonté, un empire puissant avec une industrie, un commerce, une marine et une armée dont on devait désormais tenir compte en Europe.

Pierre donna ses premiers soins à l'organisation de son armée. Sous la direction d'officiers étrangers, il forma d'abord un régiment. Mais, afin de connaître bien le métier des armes, il voulut lui-même passer par tous les grades et remplir tous les devoirs militaires, même les plus grossiers et les plus pénibles. On le vit successivement tambour, soldat, montant sa garde comme les autres, et charriant sur une brouette la terre enlevée des retranchements qu'il creusait. Il ne voulut recevoir le grade de général qu'après sa victoire de Pultava.

Pierre voulut avoir la même instruction solide et complète dans tous les arts européens. « Je dois voir, » disait-il sans cesse. Pour cela, il se mit à voyager en Europe, comme simple particulier. Il va en Hollande, pour apprendre la construction des vaisseaux. Arrivé aux chantiers de Sardam, il se loge chez un forgeron, prend un costume complet d'ouvrier hollandais et manie la hache avec les autres. Il va en Angleterre étudier l'industrie et revient sur le continent se perfectionner dans la science militaire. Mais, à Vienne, il apprend que l'ancienne garde des tsars, les *strelitz*, mécontents de ses réformes, veulent rendre la couronne à Sophie. Il accourt à Moscou et dompte la révolte, mais avec une cruauté qui montre que Pierre n'avait pas dépouillé tous les sentiments barbares des czars ses prédécesseurs. Pendant sept jours de supplice, mille rebelles furent décapités, et on vit le czar, la hache à la main, aider les bourreaux et faire lui-même tomber les têtes des coupables.

Pierre voulait s'emparer des frontières de la mer Baltique qui touchaient à la Russie, afin d'être en communication plus directe avec l'Europe. Elles appartenaient alors aux Suédois. L'ambition du roi de Suède, *Charles XII*, lui donna l'occasion de déclarer la guerre. Les armées naissantes de Pierre le Grand furent d'abord dispersées par les Suédois, qui passaient alors pour les meilleurs soldats de l'Europe. Mais Pierre ne se découragea pas. « Les Suédois, dit-il, nous apprendront eux-mêmes à les vaincre. » Après neuf ans de luttes, il anéantissait l'armée suédoise dans les plaines de *Pultava*. Charles XII s'enfuyait, blessé, avec quelques cavaliers, et Pierre le Grand saluait ses soldats vainqueurs sur le champ de bataille : « Je vous salue, enfants les plus chéris de mon cœur ! ô vous que j'ai formés à la sueur de mon front, enfants de la patrie, et qui lui êtes aussi indispensables que l'âme attachée au corps. » Puis, vainqueur généreux, il traita admirablement les généraux suédois prisonniers, les fit manger à sa table, et, à la fin du repas, il s'écria : « Je bois à la santé de mes maîtres dans l'art de la guerre ! — Votre Majesté, lui répliqua spirituellement un des prisonniers, est bien ingrate d'avoir tant maltraité ses maîtres. »

C'est pendant cette guerre que Pierre le Grand, voulant donner à ses États une capitale nouvelle et vraiment européenne, fonda *Saint-Pétersbourg*, sur la Baltique, à l'embouchure de la Néva. Il n'y avait alors

7

à cet endroit qu'une île et un marais malsain. Les ouvriers travaillaient péniblement, mouraient par milliers et se décourageaient. Pierre vint encore donner l'exemple. Il s'établit dans une petite maison de bois, surveillant les travaux, mettant lui-même la main à la pioche, et transportant les terres malsaines. Sa volonté triompha, et la nouvelle Russie eut sa capitale.

L'œuvre de Pierre le Grand fut un instant sérieusement menacée. Son fils, le *tsarévitch* [1] *Alexis*, était un jeune homme sans énergie, qui ne comprenait pas l'œuvre de son père et y restait indifférent. Les mécontents comptaient sur lui pour détruire ce qu'avait fait Pierre le Grand, lorsque son fils-lui succéderait. On conçoit quelle dut être la douleur du tsar lorsqu'il ne put plus douter que son fils était l'espoir de ses ennemis. Ainsi donc il aurait travaillé en vain, et cette œuvre immense était destinée à périr avec lui !

Pierre fit tous ses efforts pour tâcher d'intéresser son fils à son œuvre et le ramener à des sentiments plus élevés. Il employa les prières, puis la menace ; alors le tsarévitch effrayé s'enfuit de la Russie. Pierre eut bientôt les preuves d'une vaste conspiration dirigée contre lui et ses réformes. Alors il se montra impitoyable. Sacrifiant ses affections paternelles à ses devoirs envers son peuple, il fit poursuivre son fils, le fit arrêter, ramener en Russie et traduire devant une cour de justice. Le tsarévitch fut condamné à mort. La sentence allait être exécutée, lorsque le prince fut trouvé mort dans sa prison. On ne sut jamais les circonstances de cette fin mystérieuse.

Vers 1717, Pierre le Grand avait presque achevé son œuvre. Il fit alors un voyage royal en Europe et vint à la cour de France, pendant la minorité du roi Louis XV, sous la régence du duc d'Orléans. Il se fit remarquer par son désir de tout connaître, par sa prompte intelligence

---

1. *Tsarévitch* veut dire fils du tsar.

et aussi par son dédain pour la vaine pompe et les règles de l'étiquette qui régnait alors à la cour de France.

Quand on lui présenta solennellement le petit Louis XV; âgé de sept ans, il le prit dans ses bras et l'embrassa paternellement. Il négligeait de faire visite aux princes du sang ; mais il allait à la Sorbonne visiter le tombeau de Richelieu, et, embrassant sa statue, il disait, les yeux pleins de larmes : « O grand homme, si tu vivais encore, je te donnerais la moitié de mes Etats pour apprendre à gouverner l'autre. » Il entrait dans les boutiques des charrons et des orfèvres. Il allait voir les invalides, entrait au réfectoire, goûtait la soupe, buvait à leur santé, leur frappait sur l'épaule et les traitait de camarades. On le voyait « son habit souvent déboutonné tout à fait, son chapeau sur une table et jamais sur sa tête, même dehors. Dans cette simplicité, quelque mal voituré et accompagné qu'il pût être, on ne pouvait s'y méprendre à l'air de grandeur qui lui était naturel [1]. »

Pierre mourut en 1725. Il avait fait de la Russie une puissance de premier ordre, avec laquelle l'Europe dut désormais compter. Fondateur véritable de la Russie moderne, sa mémoire est restée sacrée aux Russes, et il a laissé aux chefs d'Etat un exemple de ce que peut le sentiment du devoir uni à l'indomptable volonté de bien faire.

CHAPITRE II

WASHINGTON (1732-1799)

Les *Etats-Unis*, au siècle dernier, se composaient seulement de treize colonies ou *provinces coloniales* appartenant à l'Angleterre et situées dans l'Amérique du Nord, sur la côte de l'océan Atlantique. L'Angleterre, épuisée

1. Mémoires de Saint-Simon.

par de longues guerres contre la France, voulut faire payer une partie de ses dettes par ses colonies. Celles-ci refusèrent de payer les impôts au sujet desquels on ne les avait pas consultées et qui n'avaient pas été consentis et votés par leurs représentants. L'Angleterre voulut les contraindre à payer par la force. Elles se révoltèrent et se déclarèrent indépendantes, sous le nom d'*Etats-*

Washington.

Unis de l'Amérique du Nord. Ce fut la déclaration du Congrès de Philadelphie, le 4 juillet 1776.

Mais ces colonies auraient eu peine à triompher d'un puissant Etat comme l'Angleterre, si elles n'avaient pas eu au dehors l'appui de la France, et chez elles un homme d'un beau génie et d'un admirable caractère, *Georges Washington.*

WASHINGTON naquit en 1731. Il était fils d'un riche planteur de la Virginie. Il se destina à la profession militaire et joua un rôle important dans la guerre de Sept ans, qui mit aux prises l'Angleterre et la France et nous coûta nos plus belles colonies. Après la guerre, il était colonel. Il revint alors se reposer dans son domaine de Virginie ; il se maria, se livra à l'agriculture, et semblait devoir passer le reste de sa vie de cette manière honorable et paisible, lorsque éclata la guerre de l'indépendance.

Washington fut nommé par le Congrès généralissime des milices réunies pour résister à l'oppression anglaise. Mais ces milices étaient très difficiles à commander et loin de composer une armée véritable. Elles se composaient de volontaires mal exercés, mal disciplinés, prompts à se décourager après un échec et se fatiguant vite des pénibles entreprises. Washington dut tout créer et tout organiser, et la confiance qu'il inspira fut bientôt le lien le plus solide de cette armée improvisée. Attaqué devant New-York par toutes les forces anglaises, il vit une partie de ces régiments s'enfuir presque sans combattre. Washington, avec le reste, fait tête partout, reste quarante-huit heures à cheval, parvient à faire rembarquer les troupes qui lui restent et s'embarque le dernier sous le feu de l'ennemi. Puis il ose se retrancher dans une position formidable, rassure les Américains par sa confiance inébranlable, arrête les progrès des Anglais et les tient en échec jusqu'au moment où l'intervention de la France va lui donner la victoire.

Mais les difficultés de la guerre n'étaient pas les seules qu'il eût à combattre. Ces treize colonies étaient souvent peu d'accord entre elles, et l'anarchie venait encore affaiblir la résistance. Dans cette situation, plusieurs officiers, au nom du salut de la patrie, supplièrent Washington de mettre fin à ces querelles en prenant le titre de roi. Washington leur répondit par la lettre suivante, qui montre toute la grandeur de son désintéressement et de son amour pour la liberté :

« C'est avec un mélange de grande surprise et de douloureux étonnement que j'ai lu les pensées que vous m'avez présentées. Soyez bien sûrs que, dans tout le cours de la guerre, aucun événement ne m'a causé de sensation plus pénible que d'apprendre qu'il existe dans l'armée des idées telles que celles que vous m'avez exprimées, et que je dois envisager avec horreur et condamner avec sévérité.

« Je cherche en vain dans ma conduite ce qui a pu encourager une proposition qui me paraît renfermer les plus grands malheurs qui puissent tomber sur mon pays. Si je ne me trompe pas dans la connaissance que j'ai de moi-même, vous n'auriez pu trouver personne à qui vos projets fussent plus désagréables qu'à moi. Je dois en même temps ajouter, pour être juste envers mes propres sentiments, que personne ne désire plus sincèrement que je ne le fais, de voir rendre à l'armée une ample justice, et, s'il en est besoin, j'emploierai tout ce que j'ai de pouvoir et d'influence, en me conformant à la Constitution, pour atteindre ce but. Permettez-moi donc de vous conjurer, si vous avez quelque amour pour votre pays, quelque égard pour vous-mêmes ou pour la postérité, ou quelque respect pour moi, de bannir ces pensées de votre esprit, et de ne jamais communiquer des sentiments de la même nature. »

Enfin la France intervint pour soutenir la cause des Etats-Unis. Déjà bien des volontaires étaient partis pour l'Amérique, parmi lesquels le général *La Fayette*. *Louis XVI* envoya un corps d'armée régulier sous le commandement de *Rochambeau*, et, par un grand sentiment de délicatesse et de générosité, il le plaça sous le commandement absolu de Washington. Aidé de ces troupes bien organisées, Washington reprit l'offensive, fit capituler toute une armée anglaise et assura l'indépendance de son pays.

Mais, quand il fallut organiser la jeune république, les dissentiments éclatèrent de nouveau entre les Etats. Washington devint l'arbitre respecté de tous les partis. Il les réconcilia et leur fit achever l'œuvre de la Constitution des Etats-Unis. Malheureusement, il ne put

obtenir l'abolition de l'esclavage et prévit que cette
question serait la source de grandes difficultés pour son
pays [1].

Washington fut, le premier, élu en 1789 président de
la république américaine. Réélu en 1793, il se retira en
1797. On voulait l'élire une troisième fois; mais la
Constitution s'y opposait, et il ne voulut pas qu'on fît
une exception en sa faveur. Il aima mieux donner le
premier l'exemple d'un respect absolu pour les lois et
la Constitution de sa patrie.

Washington joignait à ses vertus publiques les plus
pures vertus privées. Il avait le plus profond mépris pour
ceux qui, par amour de l'or, avaient profité des malheurs de la patrie pour faire d'immenses fortunes. Un
de ces hommes, qui avait été autrefois l'ami de Washington, s'approcha un jour de lui pour le saluer. Washington lui lança un coup d'œil glacial et s'éloigna. La
Fayette, qui était présent, lui demanda la cause de ce
changement de sentiments. « Je le croyais honnête
homme, répondit Washington, mais c'est un misérable.
Ses poches regorgent du sang de mes soldats. Qu'il ne
reparaisse jamais devant mes yeux. »

A cette élévation de sentiments il joignait la plus
touchante modestie. Un jour, en sa présence, dans
l'assemblée de Virginie, un orateur crut devoir lui
rendre un hommage public. Washington se leva pour
répondre; mais il se troubla, rougit et ne trouva pas
une parole.

Il mourut dans sa terre de Mont-Vernon en 1799. Sa
mort fut un deuil pour les Etats-Unis [2] et causa une vive
émotion même en Europe. *Bonaparte*, alors premier
consul de la République française, voulut que l'armée

---

1. Elle aboutit en effet à la guerre civile de 1861, entre les
Etats du Nord et ceux du Sud. L'esclavage fut aboli par un digne
successeur de Washington, le président Abraham Lincoln.

2. Les Etats-Unis reconnaissants ont donné à leur capitale le
nom de Washington.

française prît dix jours le deuil en suspendant un crêpe
noir à tous ses drapeaux. En même temps, il lui adres-
sait la proclamation suivante : « Washington est mort!
Ce grand homme s'est battu contre la tyrannie : il a con-
solidé l'indépendance de sa patrie. Sa mémoire sera toujours chère au peuple français, comme à tous les hommes
libres des deux mondes, et spécialement aux soldats
français, qui, comme lui et les soldats américains, se
battent pour l'égalité et la liberté. »

Heureuse la France, si Bonaparte avait su imiter le
désintéressement du grand homme dont il avait fait un
si bel et si juste éloge, condamnant ainsi d'avance sa
propre et insatiable ambition.

TEMPS MODERNES

Troisième série : Hommes de guerre.

CHAPITRE I

TURENNE (1611-1675)

L'invention de la poudre avait changé toutes les conditions de la guerre. Les armures, qui résistaient aux
coups d'épée et aux flèches, mais qui ne protégeaient plus
contre les balles et les boulets de canon, disparurent ;
l'adresse et la force personnelle, qui donnaient la supériorité dans les combats corps à corps, perdirent de leur
importance. L'habileté à faire manœuvrer les troupes et
l'artillerie, à choisir ses positions, enfin le génie militaire donnèrent seuls la victoire. Les grands généraux
trouvèrent et posèrent les principes de la guerre moderne, de cette grande guerre qui fait manœuvrer sur
des espaces immenses des armées nombreuses composées d'infanterie, d'artillerie et de cavalerie, et exige

de celui qui les commande plus d'étude, de science et d'habileté que de bravoure.

Parmi les créateurs de cet art militaire nouveau on cite *Guillaume de Nassau*, dit le Taciturne, fondateur de la république des Provinces-Unies [1], le roi de Suède *Gustave-Adolphe* et *Turenne*.

Henri de La Tour d'Auvergne, vicomte de Turenne, que nous appelons simplement TURENNE, naquit à Sedan en

Turenne.

1611. Dès son enfance, il manifesta un goût très vif pour les choses de la guerre, aimant à fréquenter les soldats, à les voir manœuvrer. Un soir, il ne rentra pas à la maison paternelle : on le cherchait partout. On le trouva sur les remparts de la ville, endormi sur l'affût d'un canon.

A l'âge de quinze ans, il alla se placer comme volontaire sous les ordres des fils de Guillaume de Nassau, reçut à leur école ses premières leçons d'art militaire et

1. Aujourd'hui la Hollande.

7.

revint se mettre au service de la France et du cardinal de Richelieu. En 1634, il était maréchal de camp [1], et il se distingua tellement sur les bords du Rhin et en Italie qu'en 1643, à l'âge de trente-deux ans, il recevait le titre de maréchal de France.

C'est alors que ses belles campagnes en Allemagne, dans le bassin du Danube, forcèrent l'empereur Léopold Ier à signer le traité de Westphalie, qui nous donnait l'*Alsace* (1648).

Louis XIV, dans ses projets de conquête et de domination sur l'Europe, trouva un admirable auxiliaire dans le génie militaire de Turenne. C'est à Turenne qu'il avait dû la conquête de l'*Artois*. Il le nomma maréchal général des camps et des armées de France. Il lui dut encore la conquête de Lille et de la *Flandre*.

En 1674, il eut à sauver la France d'une redoutable invasion. Inquiètes de l'ambition de Louis XIV, les puissances européennes s'étaient coalisées contre lui, et une armée de soixante mille hommes franchit le Rhin, s'établit en Alsace et se prépara à pénétrer au cœur de la France. Turenne n'avait que vingt-cinq mille hommes. Louis XIV et ses ministres étaient pleins de crainte. Turenne rassura tout le monde. Il refusa de battre en retraite. « Je prends tout sur ma tête, » disait-il. Bientôt, après d'admirables manœuvres, il tombait sur les ennemis surpris au cœur de l'hiver. Il leur tuait ou enlevait en quelques semaines quarante mille hommes et délivrait la France et l'Alsace.

C'est à la lecture de cette campagne que Napoléon disait que, contrairement aux autres généraux, Turenne grandissait d'audace en veillissant.

Turenne voulut alors franchir le Rhin. L'empereur d'Allemagne lui opposa son meilleur général, *Montecuculli*. Pendant deuxmois, les deux grands capitaines firent des manœuvres auxquelles toute l'Europe était atten-

---

1. Aujourd'hui général de division.

tive. Enfin Turenne avait forcé ses adversaires à accepter
la bataille; il se croyait sûr du succès. Il voulut observer une dernière fois les positions de l'ennemi et se
dirigea vers une hauteur. Il rencontra sur son chemin
un officier qui lui dit : « Venez par ici, on tire où vous
allez. — Vous avez raison, lui répondit Turenne, je ne
veux point être tué aujourd'hui. » Il changeait de route
lorsque Saint-Hilaire, lieutenant général de l'artillerie,
lui dit en tendant la main : « Jetez les yeux sur cette bat-
terie que j'ai fait mettre là. » Turenne retourna deux
pas en arrière; à ce moment, un boulet ennemi, tiré au
hasard, le frappa en pleine poitrine. Il tomba sur le cou
de son cheval, qui l'emporta quelques instants. Quand
on l'arrêta, Turenne tomba entre les bras de ses soldats
après avoir ouvert deux fois les yeux. Il avait la moitié
du cœur emportée (21 juillet 1675).

La douleur fut immense dans l'armée et dans toute
la France. Sur la route que suivit son corps quand on
le ramena à Paris, toutes les populations se pressaient
avec des prières et des larmes. Louis XIV voulut que
Turenne fût enseveli dans la sépulture des rois de France,
à Saint-Denis.

Turenne inspirait aux soldats une confiance absolue ;
après sa mort, l'armée, commandée par des généraux
incapables et divisés, fut forcée de battre en retraite.
« Laissez donc aller *la Biche*, le cheval du maréchal,
criaient les soldats, elle vous conduira où il faut. »

A son génie militaire Turenne joignait une extrême
modestie. Quand il eut sauvé la France par sa belle
campagne d'Alsace, il revint à Versailles. Tous s'em-
pressaient à le féliciter. Lui ne savait comment se dé-
rober à ces compliments et semblait, disait-on, tout
honteux de sa gloire.

Cependant il faut reprocher à Turenne deux actions
qui ont terni sa gloire. En 1651, la France, en guerre
avec l'Espagne, était encore troublée par les guerres
civiles de la *Fronde*. Turenne eut la faiblesse de se lais-

ser entraîner à combattre contre la France, et il accepta même le commandement de troupes espagnoles qui lui prêtaient leur appui. Heureusement, son erreur ne fut pas de longue durée. Il revint au parti royal, et ses victoires terminèrent la guerre civile.

En 1674, avant sa campagne d'Alsace, il opérait en Allemagne, lorsqu'il reçut de Louvois, le ministre de la guerre de Louis XIV, l'ordre de ravager le *Palatinat*. Turenne exécuta l'ordre impitoyablement. Le pays fut abandonné aux dévastations des soldats. Tout le bétail, tout le blé et les récoltes furent enlevés. Ce qu'on ne pouvait emporter fut brûlé. Le vin qu'on ne pouvait boire fut répandu dans les caves. Après le pillage des maisons, le feu fut mis partout. Le malheureux souverain du Palatinat vit, de Manheim où il s'était réfugié, deux villes et vingt-cinq villages brûler en même temps dans ses États.

Certes, ces deux crimes trouvent une sorte d'atténuation dans les mœurs de cette époque, où les gentilshommes faisaient facilement la guerre civile, et où les mœurs militaires étaient encore pleines de cruauté. Mais ils n'en sont pas moins inexcusables, et on regrette de ne pouvoir admirer sans restriction la gloire, sans cela si pure, de Turenne.

CHAPITRE II

HOCHE (1768-1797)

Aujourd'hui, nous n'admirons plus la guerre pour elle-même. La guerre qui a pour but unique la conquête, le désir de s'agrandir et d'acquérir de la gloire, est considérée comme un crime. Nous n'admettons plus le pillage des villes après une prise d'assaut. Nous voulons d'abord qu'une guerre soit légitime, c'est-à-dire qu'elle ait pour but un résultat utile à l'humanité, ou la défense du sol sacré de la patrie. Nous voulons qu'elle

soit nécessaire, c'est-à-dire qu'avant de la faire on ait
épuisé tous les moyens de conciliation. Nous voulons
enfin que la guerre soit aussi humaine que possible,
qu'elle respecte les populations sans défense et qu'elle
n'ajoute aucun mal inutile aux maux déjà trop consi-
dérables qu'elle cause.

La guerre ainsi comprise, où le général joint au génie
militaire tous les nobles sentiments de l'humanité, la
véritable guerre moder-
ne, n'a pas de gloire plus
pure que celle de *Hoche*.

Lazare Hoche naquit à
Versailles en 1768. Son
père était un des gardes
du chenil du roi Louis XV.
Le jeune Hoche se sentait
fait pour une autre des-
tinée que celle de garder
les chiens du roi, et à
dix-sept ans il s'engagea
dans les gardes fran-
çaises.

Désireux de faire son
chemin dans l'armée, il

Hoche.

voulut s'instruire et se mit à travailler avec ardeur. Tous
les moments que lui laissait le service militaire étaient
consacrés à l'étude. Il s'imposait les plus dures privations, s'occupait même de travaux manuels, afin de se
procurer quelque argent pour acheter des livres. Il parvint ainsi à se créer une petite bibliothèque et à acquérir
de solides connaissances.

Hoche était arrivé au grade de sergent, lorsqu'en 1786
une déclaration royale, aggravant les usages précé-
dents, vint interdire les grades d'officiers à ceux qui ne
pourraient pas justifier de la noblesse de leur naissance.
Il fallait donc rester éternellement sergent ou quitter
l'armée. Mais la *Révolution de* 1789 éclata ; elle sup-

prima les privilèges de la naissance. On pense avec
quelle ardeur Hoche embrassa la cause d'une révolution
qui ouvrait à ses espérances l'accès des plus hauts grades
militaires.

Bientôt il fallut combattre toute l'Europe coalisée
contre la France. La République appela tous les Français à la défense de la patrie. Il fallut improviser des
armées et trouver des généraux. Ceux qui se faisaient
remarquer par leur patriotisme et leurs talents avan-
çaient vite. Hoche se trouva bientôt au premier rang.
Après la glorieuse défense de Dunkerque contre une
armée anglaise qui dut lever le siège, Hoche fut à
vingt-cinq ans nommé *général en chef de l'armée de la
Moselle.*

Il avait pris pour devise : « *Des actes et non des paroles!* [1] » Il fut fidèle à sa devise.

La situation était difficile (1793). Les Autrichiens, sou-
tenus par les Prussiens, étaient en Alsace. Ils blo-
quaient *Landau,* alors ville française, et, la ville prise,
ils allaient envahir la Lorraine. L'armée française était
découragée par des échecs successifs, dus à des commandants incapables. L'arrivée de Hoche changea tout.
Sa présence et son activité rétablirent partout la confiance : « J'ai vu le nouveau général, écrivait un de ses
officiers. Son regard est celui de l'aigle, fier et vaste. Il
est fort comme le peuple, jeune comme la Révolution. »
Hoche attaque immédiatement. Repoussé une première
fois, il change de plan, entraîne son armée par des
chemins impraticables, communique son ardeur à tous
ses généraux, tombe sur les Autrichiens près de *Wis-
sembourg,* les bat sur tous les points et les rejette en Allemagne.

Pendant cette campagne, Hoche avait soupçonné les
projets de trahison du général Pichegru, qui l'avait seul
soutenu dans son attaque. Il le dénonça au gouverne-

----

1. Cette devise était en latin : « *Res, non verba.* »

ment d'alors [1], au *Comité de salut public*, où dominaient les amis de Robespierre, qui avaient pleine confiance en Pichegru. Hoche fut rappelé à Paris, jeté en prison. et il fût peut-être monté sur l'échafaud, si le parti de Robespierre n'avait pas été chassé du pouvoir.

Sorti de prison, Hoche fut chargé de terminer la guerre civile, appelée *guerre de la Vendée*. Les paysans de la Vendée, du Marais, du Maine, de l'Anjou et de la Bretagne s'étaient soulevés contre le gouvernement de la République. Vaincus par Kléber et Marceau en 1793, ils avaient repris les armes et comptaient sur l'appui d'une flotte anglaise qui devait débarquer un corps d'émigrés [2] dans la presqu'île de Quiberon. Hoche prit si bien ses mesures que l'armée fut anéantie dans la presqu'île quelques jours après son débarquement. Il poursuivit ensuite les insurgés sur tous les points avec une activité infatigable. Mais il n'oublia jamais qu'il combattait contre des Français, et il sut adoucir les maux de la guerre civile en se montrant plein d'indulgence pour ceux qui déposaient les armes.

Hoche était parvenu à pacifier ces départements, jadis le théâtre d'une guerre horrible, et il y avait organisé une belle armée de cent mille hommes. Il voulait la jeter sur l'*Irlande* et enlever cette île à l'Angleterre, alors notre plus ardente ennemie. Mais la flotte anglaise, bien supérieure à la nôtre, empêcha le débarquement.

L'entreprise ayant échoué, Hoche fut mis à la tête de l'armée de Sambre-et-Meuse, qui devait pénétrer au cœur de l'Allemagne et forcer l'Autriche à signer la

---

1. La République française était alors gouvernée par une Assemblée appelée la *Convention*. Cette Assemblée avait choisi dans son sein un comité chargé de prendre toutes les mesures nécessaires pour le salut de la patrie. On l'appelait le *Comité de salut public*.

2. On appelait émigrés les Français, presque tous nobles, qui, au moment de la Révolution, se croyant menacés dans leur vie, avaient quitté la France et avaient pris les armes contre la République.

paix. Hoche passe le Rhin sous le feu de l'ennemi. En quatre jours, il gagne deux batailles, trois combats, conquiert trente-cinq lieues de pays et pousse devant lui l'armée autrichienne désorganisée. Ce fut sa plus glorieuse et sa dernière campagne.

Depuis quelque temps Hoche souffrait d'un mal terrible. Une oppression de poitrine et des souffrances continuelles minaient chaque jour sa robuste santé. Il mourut enfin au milieu de douleurs horribles, dans son camp de Wetzlar, le 15 septembre 1797. Beaucoup de gens crurent qu'il fut empoisonné. Sa mort fut célébrée comme un deuil national. On ordonna en son honneur une cérémonie funèbre dans chaque armée, dans toutes les places fortes et dans tous les chefs-lieux de canton.

Hoche était complètement dévoué à la République, qu'il croyait seule capable de garantir les conquêtes de la Révolution. A la nouvelle que des conspirations royalistes menaçaient le Directoire [1], il était venu mettre une armée à la disposition du gouvernement pour faire un coup d'État qui eût sauvé la République. Le Directoire préféra faire appel à Augereau, un des lieutenants de Bonaparte, et la douleur qu'en éprouva Hoche fut une des causes de la maladie qui le conduisit à la mort.

Hoche était citoyen aussi vertueux et désintéressé que grand homme; à peine payé par le Directoire ou ne recevant pas sa solde, il ne se plaignit jamais. Après l'expédition de Quiberon, il demanda la permission de prendre, pour ses besoins, quelques bouteilles de rhum et quelques pains de sucre dans les provisions enlevées à l'ennemi. En 1796, il offrait au trésor épuisé la dot de sa femme. Sa mort laissa le champ libre aux projets moins désintéressés de Bonaparte.

1. On appelait *Directoire* le gouvernement qui succéda à la Convention, parce qu'il avait à sa tête cinq gouvernants appelés *Directeurs* de la République.

TEMPS MODERNES

Quatrième série : Ecrivains.

CHAPITRE I

CERVANTÈS (1547-1616)

L'*Espagne*, au XVIᵉ siècle, était le royaume le plus puissant de l'Europe. Elle possédait toute la péninsule hispanique, une partie de l'Italie, la Franche-Comté, et les Pays-Bas ou la Belgique et la Hollande d'aujourd'hui. Elle possédait la plus grande partie de l'Amérique, découverte par Christophe Colomb et soumise par d'illustres capitaines comme *Fernand Cortez*, le vainqueur du Mexique, ou de hardis aventuriers comme *Pizarre*, le conquérant du Pérou. Elle recevait seule le pro-

Cervantès.

duit des mines d'or et d'argent de ces immenses colonies. On disait que « le soleil ne se couchait pas sur les États du roi d'Espagne ».

Mais cette grandeur même devint une cause de ruine pour l'Espagne. Tous les hommes qui avaient quelque intelligence et quelque activité ne restaient plus dans le pays. Ils allaient chercher fortune dans les armées ou dans les expéditions maritimes. Ils allaient en Italie, aux Pays-Bas, en Amérique, rêvant de guerres loin-

taines, de combats victorieux, d'entreprises merveilleuses, d'honneurs à acquérir, de richesses à accumuler,
de terres immenses à découvrir et à soumettre.

Le roi d'Espagne *Philippe II* accrut encore cette fièvre
d'aventures en se mêlant à toutes les affaires de l'Europe, en faisant la guerre à l'Angleterre où il voulait
rétablir le catholicisme, à la France qu'il voulait réunir
à sa couronne, aux Turcs qu'il voulait repousser en
Orient. L'Espagne s'appauvrissait, abandonnée par ses
meilleurs enfants; on prévoyait sa décadence prochaine.
Le plus grand littérateur de l'Espagne voulut consacrer
son génie à arrêter sa ruine.

Michel CERVANTÈS *de Saavedra* naquit à Alcala de
Ménarès [1] en 1547. Pauvre et se sentant capable d'arriver à la richesse et à la gloire, il voulut, comme les
autres Espagnols, chercher fortune hors de son pays.

A ce moment, les Turcs étaient redoutables pour l'Europe. Ils venaient de s'emparer du nord de l'Afrique;
leurs flottes parcouraient victorieuses la Méditerranée,
pillant les vaisseaux des puissances chrétiennes et emme-
nant leurs équipages en esclavage [2]. Le roi d'Espagne
Philippe II unit ses flottes à celle du Pape, à la puissante marine de Venise, et une grande expédition fut
dirigée contre les Turcs. Michel Cervantès s'enrôla
comme soldat et prit une part glorieuse à la victoire de
Lépante. Il y reçut trois coups de feu, dont l'un lui brisa
la main droite. Ce fut le premier de ses malheurs. Il
terminait cette belle campagne, couvert de gloire, mais
manchot. Il n'avait que vingt-quatre ans.

Il resta cependant encore dans les armées. Il se fit
remarquer de ses chefs par sa bravoure et son intelligence. Le sort semblait lui sourire. Il revenait en Espagne, chargé des félicitations de ses chefs et de leurs
meilleures recommandations, lorsque le vaisseau qui le

1. Ville de la Castille, au nord-est de Madrid.
2. Charles-Quint, ayant pris Tunis sur les Turcs en 1535, y
avait délivré vingt mille captifs.

ramenait fut attaqué et pris par un vaisseau turc, et Cervantès fut emmené esclave à *Alger*.

Cervantès songea aussitôt à s'évader. Il redonne du courage à ses compagnons désespérés. Ceux-ci promettent de lui obéir. Au jour fixé, ils brisent leurs chaînes : ils vont être libres. Mais ils ont été vendus par un traître ; ils sont jetés en prison et condamnés à une mort affreuse. Au moment du supplice, le *dey* [1] d'Alger promit aux captifs la vie sauve s'ils voulaient dénoncer l'auteur de l'entreprise : « C'est moi, lui dit Cervantès. Sauve mes frères et fais-moi mourir. » Cet héroïsme frappa le dey, qui fit grâce à Cervantès et le prit à son service. Quelque temps après, Cervantès, racheté de l'esclavage par les *Pères Rédempteurs* [2] revenait dans sa patrie.

Il y revenait ayant dit adieu à ses rêves de fortune et de gloire, pauvre, mutilé, le corps brisé par les souffrances de l'esclavage. Il renonça aux aventures et se maria. Mais la fortune de sa femme était modique. Il fallait travailler pour vivre. Michel Cervantès se mit à écrire.

C'est alors qu'il conçut l'idée de son *Don Quichotte*. Instruit par sa propre expérience, il voulait éclairer ses compatriotes sur le danger qu'il y a à courir les aventures.

Il supposa donc un brave gentilhomme, de fortune très modique, brave, généreux, intelligent, ayant toutes les qualités éminentes de l'esprit et du cœur, mais ayant aussi la tête tournée par la lecture des romans de chevalerie. Dans son humble demeure, il ne rêve que voyages, entreprises guerrières, et royaumes à conquérir. Il parcourt le monde pour y faire régner la justice, redresser les torts et venger les opprimés. Il entraîne avec lui, par ses belles promesses et son ton d'assurance, un bon gros paysan, son voisin *Sancho Pança*, et les voilà tous les deux partis, l'un sur son

1. On appelait *dey* le souverain turc d'Alger.
2. C'était un ordre religieux qui se consacrait au rachat, à la *rédemption* des chrétiens esclaves chez les Turcs.

maigre cheval *Rossinante,* l'autre sur son âne, pour les nobles combats et les contrées merveilleuses.

Après bien des aventures qui ne leur attirent que du ridicule et des coups, ils reviennent tous deux désabusés, rendus sages, et reconnaissent qu'il eût mieux valu rester chez eux et soigner leur petit bien que de courir la terre à la recherche des grandes aventures.

Don Quichotte et Sancho Pança représentaient ainsi la noblesse et le peuple espagnol se laissant entraîner, l'une par des sentiments généreux et chevaleresques, l'autre par le simple désir de s'enrichir, et gaspillant l'une son courage et son dévouement, l'autre sa patience et son bon sens à des entreprises qui avaient pour unique résultat de ruiner leur pays.

Le livre de *Don Quichotte* eut un succès prodigieux ; toute l'Espagne lisait en riant aux éclats les aventures du *chevalier de la Triste Figure.* Le roi Philippe III voyait un jour de son balcon un étudiant qui, un livre à la main, riait et se tordait d'une façon extravagante : « Ou cet homme est fou, dit-il, ou il lit *Don Quichotte.* »

Malheureusement, l'Espagne se contenta de rire. En s'abandonnant aux vives impressions que fait naître le côté charmant et spirituel du livre, elle ne réfléchit pas sur la leçon profonde qu'il contenait. On continua à chercher les aventures, et l'Espagne devint en moins d'un siècle le pays le plus pauvre de l'Europe.

Michel Cervantès put voir de son vivant la gloire que son livre lui avait acquise. Atteint d'un mal incurable, il revenait à cheval à Madrid. Un étudiant en médecine demanda à faire route avec lui. Chemin faisant, il entendit quelqu'un s'adresser à Cervantès en le nommant. Aussitôt l'étudiant met pied à terre, et, saisissant la main mutilée du grand écrivain : « Le voilà, s'écria-t-il, ce manchot fameux, ce génie universel, ce joyeux écrivain, ce boute-en-train des Muses. » Cervantès, qui nous raconte cette scène, ajoute qu'il demanda alors à son compagnon de voyage un avis sur sa maladie. « Le bon étudiant, dit-il mélancoliquement, m'eût bientôt condamné. »

Cervantès mourut en effet quelque temps après, en complète possession de lui-même, plein de soumission et de fermeté vis-à-vis de la mort, le 23 avril 1616.

CHAPITRE II

SHAKSPEARE (1564-1616)

Le règne d'*Élisabeth* (1558-1603) fut une des époques les plus glorieuses de l'histoire d'Angleterre. L'Angleterre, gouvernée par une reine illustre, eut alors des hommes d'État remarquables, de hardis marins et son plus grand écrivain *Shakspeare*.

William SHAKSPEARE naquit à Stratford-sur-Avon le 23 avril 1564. Fils d'un modeste marchand de laine, il fut destiné d'abord à prendre la profession de son père, voulut ensuite se faire boucher, et il semblait destiné à pas-

Shakspeare.

ser sa vie dans une obscure condition, lorsque la vue de comédiens qui, passant par la ville de Stratford, y donnèrent quelques représentations, lui révéla la vocation de son génie.

Dès lors, Shakspeare fut poursuivi de l'idée de se faire acteur. Marié et père de famille, il hésitait à exécuter son projet lorsque, menacé de la prison pour une insulte faite à un riche personnage de Stratford, il s'enfuit pour se cacher à Londres. Sur la route il rencontra une troupe de comédiens ambulants. Sa bourse était vide et l'avenir bien incertain. Shakspeare s'engagea parmi eux.

Mais son but était d'arriver à la capitale pour se faire connaître. Il abandonna bientôt ses camarades et vint à Londres. Là, il lui fallut lutter contre la mauvaise fortune. Quelque temps même il fut obligé, pour avoir de quoi vivre, de garder à la porte d'un théâtre les chevaux des gentilshommes qui venaient écouter la pièce. Enfin un directeur consentit à jouer un drame que le poète s'était vu refuser plusieurs fois. C'était *Henri VI*. Le succès fut immense. Le nom de Shakspeare était connu pour toujours.

Bientôt, la reine Elisabeth voulut voir le poète qui honorait son règne. Shakspeare fit représenter devant elle le drame d'*Hamlet*. Elisabeth voulut récompenser le poète d'une manière digne de lui et digne d'elle. Un gentilhomme qui s'était montré le protecteur de Shakspeare était alors exilé de la cour. A la fin de la représentation, le poète reçut une lettre cachetée accompagnée d'un billet sur lequel étaient ces mots : « La reine a écouté avec un plaisir extrême le poème d'*Hamlet*. L'argent serait une récompense indigne du noble esprit qui a donné naissance à une si belle œuvre. En conséquence, la reine envoie à William Shakspeare ce qu'elle croit devoir lui être le plus agréable. » Shakspeare décacheta la lettre : elle contenait le pardon de lord Montgomery. Le poète répondit à cette noble et délicate récompense par des vers si touchants qu'Elisabeth versa des larmes à leur lecture.

Dès lors, la renommée de Shakspeare alla en grandissant. Toute l'Angleterre parlait du « poète à la langue de miel » et se passionnait pour son théâtre. Elisabeth lui témoignait une faveur particulière, et Shakspeare ne négligeait aucune occasion de témoigner sa reconnaissance à celle qu'il appelait « la belle vestale assise sur le trône d'Occident ».

Enfin, en pleine possession de la fortune et de la gloire, Shakspeare abandonna Londres pour se retirer dans sa terre de Newplace, près de Stratford. Il y passa deux ans, dans le calme et dans le commerce de ses amis. Il y mourut le 23 avril 1616, le jour anniversaire de sa naissance, le jour même où Cervantès mourait en Espagne.

L'œuvre de Shakspeare comprend tous les genres dans lesquels le génie du poète dramatique peut se développer. On y voit :

Des drames historiques qui font revivre une partie de l'histoire d'Angleterre pendant la *guerre de Cent ans* la guerre civile des *deux Roses* [1] ;

Des drames de pure fantaisie, où l'imagination du poète se joue en pleine liberté, comme la *Tempête* et le *Songe d'une nuit d'été ;*

Des drames consacrés à la peinture d'un caractère ou d'une passion violente, comme le *Roi Léar*, *Hamlet*, *Roméo et Juliette*, *Macbeth* et *Othello ;*

Des comédies pleines d'esprit et de verve, comme les *Commères de Windsor.*

Ce qui est le propre de Shakspeare, c'est le mouvement et la vie qui animent tous ses drames. Les personnages y sont nombreux et y embrassent toutes les conditions de la société, depuis les rois jusqu'aux plus humbles artisans. Et tout ce monde parle, agit et nous intéresse constamment. Chacun a sa physionomie et son existence. Il n'est pas jusqu'au plus vulgaire personnage qui n'ait son caractère particulier et qu'on puisse confondre avec un autre.

---

1. C'était une guerre entre deux maisons princières qui se disputaient la couronne, la maison d'York, qui avait dans ses armes une *rose* blanche, et la maison de Lancastre, qui avait dans ses armes une *rose* rouge. On se battait pour le triomphe de l'une ou de l'autre *rose*.

On reproche à Shakspeare d'avoir souvent donné trop libre carrière à son imagination. On lui reproche de se plaire trop souvent à la peinture de scènes triviales et grossières, dont la brutalité révoltante inspire le dégoût. Mais aucun poète dramatique n'a eu un génie aussi varié, nul n'a su mieux que lui passer du langage le plus humble aux accents les plus touchants et les plus sublimes. Nul n'a su comme lui faire vivre les personnages autour desquels s'agite, comme dans la vie réelle, un peuple tout entier. Les héros et les humbles revivent dans son œuvre. Il est resté le plus grand des poètes dramatiques.

L'Angleterre s'est honorée en vouant un culte à la mémoire de son plus grand écrivain. La maison où est né Shakspeare à Stratford est devenue un musée, où l'on réunit précieusement tout ce qui touche au souvenir du poète. Elle est le but de pieux pèlerinages. L'Angleterre a donné aux autres nations l'exemple du culte qu'elles doivent à leurs grands hommes.

CHAPITRE III

MOLIÈRE (1622-1673)

Le *siècle de Louis XIV* fut une époque fertile en beaux génies littéraires. Le théâtre français atteignit alors un degré de perfection qu'il n'a jamais dépassé. On admirait les tragédies du grand *Corneille* et de *Racine*. On se divertissait aux comédies de *Molière*.

MOLIÈRE naquit à Paris en 1622. Son véritable nom était *Jean-Baptiste Poquelin*. Son père, Jean Poquelin, était tapissier et chargé, comme valet de chambre du roi, de l'entretien et de l'arrangement de la chambré de Louis XIV. Le jeune Poquelin devait succéder à son père dans cette charge. Mais son grand-père maternel, frappé des qualités de l'enfant, exigea qu'on le mît au collège de Clermont [1]. Poquelin y fit des études brillantes et solides. Lorsqu'il les eut terminées, il étudia encore la philosophie, la théologie et le droit et devint un des hommes les plus savants de son temps.

Reçu avocat à l'Ecole de droit d'Orléans, Poquelin revint à la maison paternelle. Mais les occupations de tapissier et de valet de chambre du roi ne pouvaient satisfaire ses goûts. On le voyait souvent plongé dans une méditation profonde, observant les personnages de toute condition, gentilshommes et bourgeois, qui venaient chez son père, écoutant leurs conversations, étudiant leurs paroles, leur

Molière.

maintien, leurs gestes, et méritant déjà le nom de *Contemplateur* par lequel on le désignait plus tard.

A ce moment, la passion du théâtre était très répandue dans Paris. On voyait des jeunes gens de bonne famille former entre eux des troupes de comédiens qui jouaient publiquement des pièces pour leur seul plaisir. Poquelin créa avec quelques amis une troupe de ce genre. Bientôt elle eut une grande réputation. Les jeunes gens résolurent de prendre le métier de comédiens, et la troupe s'organisa pour aller chercher fortune en voyageant et en jouant dans les villes de la province.

C'est alors que, pour ne pas scandaliser sa famille,

____

1. Aujourd'hui le lycée Louis-le-Grand.

Jean-Baptiste *Poquelin* prit le nom de *Molière*, sous lequel il s'est immortalisé.

Molière ne se contentait pas de diriger sa troupe et de jouer lui-même ; pour attirer le public, il commença à composer des comédies nouvelles. Il continuait aussi ses observations sur la nature humaine. On montre encore à Pézenas le fauteuil sur lequel il s'asseyait dans la boutique d'un barbier, pour étudier les ridicules des nombreux clients qui se succédaient sous ses yeux. Il parcourut ainsi tout le Midi et revint à Paris en 1658. Le roi lui accorda l'autorisation d'y avoir un théâtre.

C'est là que Molière fit jouer en 1659 son premier chef-d'œuvre, les *Précieuses ridicules*. Il y attaquait une manie répandue dans les salons de cette époque et qui consistait, sous prétexte d'imiter le langage choisi de la bonne société, à ne plus parler simplement, mais à chercher pour s'exprimer des termes pleins d'affectation et de ridicule. Le succès fut très grand. On dit qu'à la première représentation un spectateur du parterre cria à l'auteur : « Courage, Molière ! voilà la bonne comédie. » En effet, la bonne comédie, celle qui peint vivement les caractères et les ridicules des hommes, était du même coup créée en France et portée à la perfection.

Dès lors, les chefs-d'œuvre se succédèrent. Ils contenaient tous des leçons profondes et utiles. L'*Ecole des femmes* faisait réfléchir sur le système d'éducation des jeunes filles. Les *Femmes savantes* couvraient de ridicule celles qui dédaignaient les devoirs de leur sexe et le soin de leur maison, pour tâcher de s'élever, comme les hommes, aux hautes spéculations de la science et de la philosophie. Le *Tartufe* flétrissait la plus vile des hypocrisies, celle qui se couvre du masque de la religion. Le *Bourgeois gentilhomme* montrait la sottise de ceux qui ont la faiblesse de rougir de·leur condition et de leur naissance. Le *Misanthrope* présentait un tableau achevé de la société élégante de ce siècle.

Dans ces pièces et dans bien d'autres moins parfaites ou moins sérieuses et destinées surtout à provoquer le rire, Molière ridiculise deux personnages, le *marquis* et le *médecin*. Le marquis, c'est le gentilhomme fier de sa naissance, qui regarde tout le monde avec dédain et croit qu'il n'a aucun besoin d'étudier pour juger et décider de toutes les questions. Le médecin, c'est le vieux savant d'alors, obstiné dans la routine, niant les merveilleux progrès qui transformaient alors la science, et cachant sous le pédantisme de son langage grec ou latin une ignorance profonde des choses qu'il n'a pas observées.

Les marquis attaqués ne pardonnaient pas à Molière. L'un deux, le marquis de La Feuillade, alla jusqu'à vouloir faire assassiner le comédien. Molière fut protégé par Louis XIV, qui avait pour lui une estime particulière. Molière avait conservé près du roi son service de valet de chambre. Cette charge lui permettait d'entrer à la cour et d'approcher du roi. Louis XIV aimait à discuter avec Molière et finissait souvent par lui dire : « Vous devez avoir raison, vous vous y connaissez mieux que moi. »

Louis XIV ne connaissait pas encore cependant la véritable valeur de Molière. C'est Boileau [1] qui la lui apprit. Le roi lui demanda un jour quel était le plus rare des grands écrivains de son règne. « Sire, répondit Boileau, c'est Molière ! » La postérité a ratifié le jugement de Boileau.

Molière était d'un caractère excellent, simple dans sa vie, plein d'affection pour une vieille servante nommée Laforêt, dont il appréciait la fidélité et le bon sens. On prétend même que, lorsqu'il avait écrit une scène comique, il faisait venir sa servante et la lui lisait. Si Laforêt éclatait de rire, Molière était content : il était sûr du succès.

---

1. Poète satirique et du jugement le plus sûr. Il critiqua impitoyablement les mauvais écrivains de son temps.

Molière fut plein de bienveillance pour tous ceux qui l'entonraient. Toujours prêt à rendre service, il se fit des amis qui l'aimaient d'une affection profonde et parmi lesquels il faut citer La Fontaine et Boileau.

Pour ses comédiens, il n'était pas seulement l'âme de la troupe, celui qui attirait le public par son génie et ses chefs-d'œuvre : il était en même temps un véritable père, ayant toujours le souci de leurs intérêts et partageant tout avec eux. Un jour, un acteur vient lui demander un secours de quatre pistoles pour un vieux comédien malade qui avait joué jadis en province avec lui. « Voici quatre pistoles pour moi, répondit Molière, et en voilà vingt autres que vous lui donnerez pour vous. »

Le dévouement de Molière à ceux qui travaillaient avec lui devait hâter sa mort. Il était atteint d'une maladie de poitrine et menacé d'une crise mortelle. On allait donner la quatrième représentation du *Malade imaginaire*. Molière devait remplir le rôle du malade : on lui défendit de jouer. « Eh ! comment voulez-vous que je fasse ? s'écria-t-il, il y a cinquante pauvres ouvriers qui n'ont que leur journée pour vivre. Que feraient-ils si l'on ne joue pas ? Je me reprocherais d'avoir négligé de leur avoir donné du pain un seul jour, le pouvant faire absolument. »

Il se rendit donc au théâtre. Mais il parut sur la scène avec difficulté, et l'un des spectateurs vit qu'à la fin de la pièce il lui prit une convulsion. Ayant remarqué lui-même qu'on s'en était aperçu, Molière fit un effort et cacha par un rire forcé ce qui venait de lui arriver. La pièce finie, on dut le porter chez lui, où bientôt il fut pris d'un crachement de sang. On appela deux religieuses qui, tous les ans, venaient faire une quête à Paris et logeaient chaque fois dans sa maison. Molière expira entre leurs bras ; le sang qui lui sortait par la bouche l'étouffa.

La France admire dans Molière le plus parfait des

poètes comiques et l'un de ses plus grands écrivains. Il semble qu'elle lui ait voué le culte que les Anglais ont pour leur Shakspeare. Ils sont en effet tous les deux la plus haute expression du génie dramatique, et sont restés sans imitateurs et sans rivaux.

CHAPITRE IV

CORNEILLE (1606-1684)

Quelques années avant que Molière eût donné ses premières comédies, la tragédie française avait été créée et portée à un étonnant degré de grandeur par *Corneille*.

Pierre CORNEILLE [1] naquit à Rouen le 6 juin 1606. Il était destiné par sa famille à la profession d'avocat, et plaida quelque temps au Parlement de Normandie. Mais une vocation irrésistible l'entraînait vers le théâtre. Une aventure qui avait fait quelque bruit à Rouen décida de son

Corneille.

avenir. Corneille en fit le sujet d'une comédie qui eut beaucoup de succès dans sa ville natale, et il résolut de venir à Paris pour se faire connaître.

Ses premières pièces attirèrent en effet l'attention sur lui. *Richelieu* voulut le connaître, et l'admit au nombre

1. Il avait un frère plus jeune, Thomas Corneille, auteur dramatique qui n'était pas sans mérite, mais qui a été éclipsé par l'éclatante renommée de son frère.

8.

des hommes de lettres qu'il consultait sur l'arrangement des pièces de théâtre qu'il cherchait à composer. Car le grand ministre avait la prétention d'être aussi un auteur dramatique. Mais l'indépendance avec laquelle Corneille s'exprimait sur les essais du cardinal rompit bientôt cette intimité.

Bientôt après, Corneille faisait paraître un chef-d'œuvre et la première belle tragédie du théâtre français : *le Cid* (1636). Le succès fut immense. On se pressait au théâtre pour applaudir. « Beau comme *le Cid* » devint un proverbe. Un homme cependant protestait : c'était le cardinal de Richelieu. Il était alors en guerre avec l'Espagne, et *le Cid* était un sujet espagnol. Il voulait abolir les duels, et il y en avait deux dans la pièce de Corneille. A ces motifs se joignait pour Richelieu le dépit de voir dans cette gloire un homme qui avait jadis blâmé si franchement la médiocrité de ses propres inventions dramatiques. Il fit tous ses efforts pour arrêter le succès de Corneille. Mais le public, transporté, donnait raison à l'auteur par son enthousiasme.

Cependant Richelieu avait trop de hauteur dans l'esprit pour ne pas apprécier le génie de Corneille et pour garder longtemps une mesquine rancune. Il ordonna bientôt de se taire aux envieux qui déchiraient le poète : il lui fit une pension, le maria, et Corneille effaça les dernières traces de mécontentement en lui dédiant sa tragédie d'*Horace*.

Corneille porta à sa perfection la tragédie, dont il avait donné le premier chef-d'œuvre. Il lui donna surtout un caractère de grandeur et d'héroïsme qui élève l'âme, et fait qu'on sort de la représentation d'une pièce de Corneille le cœur plein de nobles sentiments. Il excelle à peindre dans *le Cid* la fierté chevaleresque des gentilshommes espagnols, dans *Horace* la fermeté patriotique des vieux Romains, dans *Cinna* la grandeur d'âme de l'homme d'État, dans *Polyeucte* l'héroïsme des martyrs. Cette élévation constante de la pensée, exprimée en vers

qui entraînent et transportent, a fait donner au poète
par ses contemporains le nom de *grand Corneille*.

La vieillesse de Corneille fut loin du bonheur et de
l'éclat qu'avaient eus ses premières années. Le poète
vieilli voyait ses contemporains lui préférer les tragédies
d'un rival plus jeune, Racine. Corneille donnait encore
des pièces au théâtre, mais elles étaient loin de valoir
les anciennes, et quelques vers, quelques scènes rappelaient seules le grand Corneille. Enfin les comédiens
refusèrent de jouer ses derniers ouvrages.

Puis Corneille avait tiré peu de profit de ses chefs-
d'œuvre, et il était loin d'être riche. Louis XIV cessa
en 1674 de lui payer sa pension annuelle, et cet oubli
ajouta à la gêne où il vivait. Il fallut que Boileau rap-
pelât au roi la pauvreté d'un homme qui avait tant
ajouté à la gloire de la France, pour que Louis XIV lui
envoyât un secours en argent.

Cette générosité tardive trouva Corneille mourant. Il
s'éteignit à l'âge de soixante-dix-huit ans, en 1684.

La ville de *Rouen*, fière de lui avoir donné naissance,
lui a élevé une statue. Elle rassemble pieusement aujourd'hui tout ce qui a appartenu au grand poète ; et
tout ce qui rappelle sa vie ou sa gloire est déposé dans
la maison où naquit Corneille, et où il aimait à aller se
reposer lorsqu'il revenait à son pays natal.

CHAPITRE V

DIDEROT (1713-1714)

Au siècle dernier, un grand mouvement agita la
France. Toutes les vieilles institutions léguées par le
moyen âge étaient ébranlées. Elles avaient eu leur utilité,
et c'était grâce à elles que l'Europe avait pu s'organiser
et faire d'immenses progrès. Mais elles ne pouvaient
plus régir la société nouvelle, transformée par les décou-

vertes géographiques, par le commerce, les progrès merveilleux des sciences et de l'industrie. On se plaignait de l'inégalité qui existait entre les citoyens d'un même pays suivant qu'ils appartenaient au clergé, à la noblesse, à la magistrature ou à la bourgeoisie. On se plaignait de l'autorité absolue du roi, surtout lorsqu'on voyait Louis XV épuiser les ressources du pays dans des guerres sans gloire et de honteux plaisirs. Des écrivains, désignés sous le nom de philosophes, discutaient toutes les questions, et leurs livres passionnaient l'opinion publique. De ces philosophes le plus grand fut *Diderot*.

Diderot.

Denis DIDEROT naquit à Langres en 1713. Il fit ses études en partie au collège des Jésuites de sa ville natale, en partie à Paris au collège d'Harcourt [1]. Au sortir du collège, son père voulut qu'il se choisît une position ; mais Diderot se sentait porté invinciblement à l'étude et ne savait se décider.

Il entre d'abord chez un procureur ; mais, au lieu d'apprendre son métier d'homme de loi, il étudie l'italien, l'anglais, le grec, le latin et les sciences mathématiques, pour lesquelles il garde toujours une vive prédilection.

Son père alors, croyant à une mauvaise volonté de la part de son fils, lui supprima la modique pension qu'il lui faisait pour vivre à Paris. Alors commença une vie de privations et de souffrances. Diderot recevait à peine

1. Aujourd'hui lycée Saint-Louis.

de temps en temps quelque argent que sa mère lui envoyait et que lui apportait une servante toute dévouée, brave femme qui, pour adoucir le sort du fils de ses maîtres, venait à pied de Langres à Paris et ajoutait souvent ses économies à la somme qu'elle apportait. Pour vivre, Diderot était obligé de composer des sermons qu'il vendait cinquante écus, de chercher de côté et d'autre quelque ouvrage chez les libraires. Parfois il souffrait de la faim. Un jour même, il tomba évanoui à la porte de son logement. « Ce jour-là, dit-il, je jurai, si je possédais quelque chose, de ne refuser de ma vie à un indigent, de ne point condamner mon semblable à une journée aussi pénible. »

Mis en prison à Vincennes pour les hardiesses contenues dans ses premiers écrits philosophiques, Diderot y conçut le plan de l'ouvrage qui devait l'immortaliser.

Il s'agissait de convoquer tous les philosophes à la composition d'un dictionnaire où tous les sujets seraient traités, et qui mettrait ainsi tout le monde au courant de toutes les questions de philosophie, d'art, de littérature, de lois, de commerce, au courant de tous les progrès accomplis par les sciences et par l'industrie. Ce fut l'*Encyclopédie*. Diderot se chargea lui-même de la plus grande partie de la besogne. Son immense érudition dans toutes les parties des connaissances humaines lui permettait de traiter toutes sortes de sujets. Il rédigea particulièrement les articles relatifs aux arts mécaniques ; mais, pour en parler avec connaissance de cause, il allait chez les industriels, se faisait apprenti, s'appliquant à fabriquer lui-même, tissant la soie, le coton, faisant des paires de bas, afin de pouvoir décrire avec précision les détails du métier. Sa merveilleuse organisation lui rendait tout facile.

Ce travail prodigieux dura vingt ans. L'impression avait été souvent arrêtée par les craintes du gouvernement, que bien des articles menaçaient. Mais Diderot triompha de toutes les difficultés. Des amis puissants le protégèrent. Un jour, Diderot voit entrer chez lui le directeur de la librairie, M. de Malesherbes, qui vient le prévenir que, d'après les ordres du roi, il viendra faire le lendemain chez lui une perquisition, et qu'il ait à cacher ses manuscrits : « Mais je ne puis les déménager en vingt-quatre heures, s'écria Diderot. Où les mettre? — Envoyez-les chez moi, » lui dit Malesherbes.

Il n'est pas une question importante au XVIIIe siècle où ne se soit exercé le génie de Diderot. Il se lançait même avec audace dans des essais nouveaux, dans les sciences et dans la littérature. Il est un de ceux qui ont créé le drame et le roman modernes, en montrant que la vie des hommes ordinaires peut donner matière à des œuvres pleines d'intérêt et d'émotion, aussi bien que celle des héros et des grands hommes.

Mais ce qui honore Diderot autant que son génie, c'est la bonté de son cœur. Déjà, au collège, ses camarades abusaient de lui en lui faisant composer leurs devoirs, qu'il faisait avec autant de soin que les siens. Plus tard, il se prodigua à tous ceux qui venaient lui demander quelque chose. Sa complaisance était si connue qu'un jour un marchand de pommade vint lui demander de lui rédiger une réclame. Diderot prit sa plume et le renvoya satisfait. Maître de tous les sujets, il était toujours prêt à écrire, et beaucoup de littérateurs en renom lui durent les passages les plus brillants de leurs œuvres.

A un point de vue plus élevé, il ne croyait pas que le génie eût été donné à l'homme pour satisfaire ses désirs d'ambition et de gloire, mais pour être utile aux hommes. Il avait pour l'humanité un amour profond et n'aimait pas à en entendre dire du mal. « Celui qui blesse l'espèce humaine me blesse, » disait-il, et il aurait mieux aimé être mort que méchant.

Il s'attachait non seulement aux personnes, mais aux choses dont il s'était servi. Un jour, madame Geoffrin eut l'idée d'aller déménager le modeste logement de Diderot et d'y placer en son absence des meubles neufs, parmi lesquels etait une magnifique robe de chambre. Ecoutez les regrets spirituels et touchants de Diderot sur la bonne vieille robe de chambre qu'on lui avait remplacée :

« Pourquoi ne l'avoir pas gardée? Elle était faite à moi, j'étais fait à elle. Elle montrait tous les plis de mon corps sans le gêner; j'étais pittoresque et beau. L'autre, raide, empesée, me mannequine. Il n'y avait aucun besoin auquel sa complaisance ne se prêtât, car l'indigence est presque toujours officieuse. Un livre était-il couvert de poussière, un de ses pans s'offrait à l'essuyer. L'encre épaissie refusait-elle de couler de ma plume, elle présentait le flanc. On y voyait tracés en longues raies noires les fréquents services qu'elle m'avait rendus. Ces longues raies annonçaient le littérateur, l'écrivain, l'homme qui travaille. A présent, j'ai l'air d'un riche fainéant, on ne sait qui je suis.

« Dans son abri, je ne redoutais ni la maladresse d'un valet, ni la mienne, ni les éclats du feu, ni la chute de l'eau. J'étais le maître absolu de ma vieille robe de chambre; je suis devenu l'esclave de la nouvelle.

« Mes amis, gardez vos vieux amis. Mes amis, craignez l'atteinte de la richesse. Que mon exemple vous instruise. La pauvreté a ses franchises, l'opulence a sa gêne. »

Le génie et la bonté de Diderot étaient connus dans toute l'Europe. A ce moment, les souverains recherchaient l'approbation des philosophes français, qui semblaient être les dispensateurs de la gloire. Diderot fut comblé de prévenances par l'impératrice de Russie, *Catherine II.*

Elle le fit venir près d'elle, le traita comme son égal, et lui demanda des sujets de réformes. Elle le renvoya chargé de présents et ne l'oublia jamais. Diderot n'était pas riche. Pour doter une de ses filles, il voulut vendre sa bibliothèque. Mais son cœur se déchirait à la pensée de se séparer de ces livres chéris, les compagnons de tous ses travaux. L'ambassadeur de Russie à Paris, Galitzin, apprend à Catherine II les embarras du philosophe. Catherine II écrit aussitôt à Diderot qu'elle lui achète sa bibliothèque, mais à une condition : c'est qu'il en serait le gardien toute sa vie, avec un traitement de mille francs par an; et elle lui fit compter cinquante mille francs. « Me voilà obligé de vivre cinquante ans, » lui écrivit Diderot en la remerciant.

Elle fit plus encore : la bibliothèque était à un cinquième étage et Diderot, atteint d'une maladie mortelle, ne pouvait y monter que difficilement. Catherine fit louer pour son bibliothécaire un vaste appartement dans la rue Richelieu. Diderot n'en jouit pas longtemps. Il mourut douze jours après s'y être établi, le 30 juillet 1784.

TEMPS MODERNES

Cinquième série : Artistes.

CHAPITRE I

MICHEL-ANGE (1474-1564)

Pendant le quinzième siècle, de grandes transformations s'accomplirent en Europe. Le monde, mieux connu, grâce aux découvertes des Espagnols et des Portugais, fut ouvert à l'activité hardie des commerçants et des explorateurs; la manière de faire la guerre fut totalement changée par l'invention de la poudre; le désir de savoir fut accru surtout par la découverte de l'imprimerie, qui répandait à profusion les chefs-d'œuvre littéraires des Grecs et des Romains. Mais alors, dans l'enthousiasme causé par tant de découvertes et d'inventions, on se mit à mépriser ce qu'avait produit le moyen âge. On traita dédaigneusement ses admirables

monuments de barbares et de *gothiques*. On prétendit
que le monde avait dormi depuis la disparition de l'empire romain et qu'il se réveillait enfin de son long sommeil. Aussi le mouvement littéraire et artistique qui
produisit tant de merveilles à cette époque prit-il le
nom de *Renaissance*. La Renaissance atteignit son
apogée au début du seizième siècle, en Italie, sous le
pontificat de Léon X (1513-1521). Voilà pourquoi on a
donné à sa plus belle pé-
riode le nom de *siècle de
Léon X*.

Parmi les artistes qui
illustrèrent la Renaissance,
les plus fameux sont *Michel-
Ange* et *Raphaël*.

Michel-Ange Buonarotti,
que nous appelons simple-
ment Michel-Ange [1], naquit
en 1474. Il passa les premières années de son en-
fance chez sa nourrice, la
femme d'un ouvrier qui travaillait à des carrières de
pierres. Là, tout enfant, il

Michel-Ange.

s'essayait à coups de marteau à donner aux pierres une
forme quelconque. Le génie du sculpteur s'éveillait en
lui, et il aimait à dire qu'il avait sucé avec le lait
l'amour des maillets et des ciseaux dont il se servait
pour ciseler ses figures.

Le père de Michel-Ange le destinait à l'Église ou à la
magistrature; mais l'enfant, négligeant les autres études,
ne cessait de dessiner en cachette et ne rêvait que de
devenir un grand artiste. Enfin, à quatorze ans, on se
décida à le placer chez un peintre célèbre, Vasari. Celui-

1. On a fait pour ainsi dire un seul nom de ses deux prénoms.
Il naquit au château de Caprèse, près de la ville d'Arezzo, en Toscane.

ci, à la vue des premiers essais de son élève, s'écria :
« L'enfant en sait plus que nous tous! » Michel-Ange se
mit au travail avec passion. Il étudiait à la fois la peinture et la sculpture, et les beaux exemples ne lui manquaient pas. *Florence* était alors dans toute sa splendeur.
La cour des *Médicis* était devenue le centre littéraire et
artistique de l'Italie, et tous les arts s'y développaient
sous la protection de *Laurent le Magnifique*. Michel-
Ange se plaça bientôt au premier rang, mais il eut
bientôt des envieux. On opposait à ses peintures celles
de ses devanciers, à ses sculptures celles qu'avaient
laissées les sculpteurs antiques. Michel-Ange résolut de
se venger. Il sculpta une statue de *Cupidon*, et, après lui
avoir cassé un bras, il l'enfouit en terre dans un endroit
où l'on exécutait des fouilles. La statue fut déterrée le
lendemain : on se crut en présence d'un débris de l'antiquité et on proclama cette sculpture bien supérieure
à tout ce qui se faisait alors. Michel-Ange s'avança et,
montrant le bras qui manquait à la statue mutilée, con-
fondit ses adversaires.

Michel-Ange fut apprécié à sa juste valeur par le pape
Jules II, dont il devint l'ami. Mais l'artiste et le pontife
avaient tous les deux un caractère fier et ardent qui
amenait souvent des brouilles suivies de promptes ré-
conciliations. Michel-Ange avait projeté de faire à
Jules II un tombeau grandiose, « tel qu'aucun roi n'en
eut jamais ». Il avait sculpté déjà quelques belles statues, entre autres un *Moïse*, lorsque le pape voulut suspendre l'ouvrage. Michel-Ange, irrité, quitte Rome et
revient à Florence. Jules II lui envoya plusieurs courriers
sans pouvoir le fléchir. Enfin Michel-Ange se laissa toucher. Il arrive à Rome et s'agenouille devant le pontife,
qui lui dit brusquement : « Te voilà donc; c'était à toi de
venir, et il a fallu aller te chercher. » Un évêque qui était
présent voulut excuser l'artiste : « Que Votre Sainteté
lui pardonne! Il a agi par ignorance ; les peintres sont
tous ainsi. » Mais Jules II, se retournant vers l'évêque :

« Ce sont des sottises que vous dites là! C'est vous qui êtes un ignorant! Comment! vous osez insulter Michel-Ange! » Et Jules II le chargea de décorer de peintures la voûte de la *chapelle Sixtine*, au palais du *Vatican*. Michel-Ange, pour répondre dignement à la confiance du pontife, s'enferma seul pendant deux ans dans la chapelle et n'en sortit que quand son œuvre fut terminée.

Ce qui caractérise les œuvres de Michel-Ange, c'est la vie. On lui reproche même de vouloir parfois trop faire vivre ses figures, et de les placer dans des attitudes forcées et contournées qui sont loin de la vérité et du bon goût.

Michel-Ange ne fut pas seulement *sculpteur* et *peintre;* il fut aussi *architecte* et *ingénieur*.

Architecte, il fut chargé par le pape *Paul III* de terminer l'église de *Saint-Pierre*, qui devait être la cathédrale du monde chrétien. Michel-Ange fit le plan de la *coupole*, qui s'élève à 132 mètres au-dessus du niveau de la place Saint-Pierre [1]. Ingénieur, il employa ses talents à défendre l'indépendance de Florence contre l'empereur Charles-Quint, qui voulait s'en emparer. Grâce à lui, la ville résista onze mois et obtint enfin une capitulation qui lui laissait sa liberté, mais qui ne fut pas respectée par l'empereur.

Enfin, pour que rien ne manquât à sa gloire d'artiste, Michel-Ange fut poète. On cite parmi ses vers la réponse qu'il fit au poète Strozzi : Michel-Ange venait de sculpter une statue de la *Nuit* sur le tombeau des Médicis, à Florence. Elle était si belle que Strozzi écrivit au bas la stance suivante :

> Cette femme qui dort, mollement assoupie,
> C'est la Nuit : de la pierre un *Ange* la tira.
> Mais sous le marbre dur palpite encor la vie :
> Si tu veux l'éveiller, elle te parlera.

1. La coupole du Panthéon, à Paris, ne s'élève qu'à 79 mètres au-dessus de la place.

Michel-Ange répondit :

> Il est bon de dormir, meilleur d'être de pierre,.
> Plus doux de ne rien voir et de ne sentir pas.
> Quand le deuil est partout, la honte et la misère,
> Ne va pas m'éveiller! de grâce, parle bas !

La perte de la liberté de sa patrie causa à Michel-Ange une douleur qui ne se guérit jamais. Il garda cependant toute sa vigueur jusqu'à l'âge de soixante-dix-sept ans. C'est alors qu'il peignit une de ses plus belles toiles, *le Jugement dernier*. Mais bientôt il devint aveugle et vécut péniblement jusqu'à sa mort. Sa seule consolation, dans ses dernières années, était d'aller au Musée des statues antiques toucher de ses doigts-les chefs-d'œuvre qu'il ne pouvait plus voir. Il mourut âgé de près de quatre-vingt-dix ans en 1564.

CHAPITRE II

RAPHAEL (1483-1520)

Tandis que le génie fougueux de Michel-Ange s'exerçait dans toutes les branches de l'art, la peinture arrivait à sa perfection avec RAPHAEL.

Raphaël Sanzio [1] naquit à Urbin en 1483. Son père était peintre. Ayant reconnu les heureuses dispositions de son fils, il l'envoya étudier sous la direction du plus grand peintre d'alors, le *Pérugin* [2]. Un meilleur maître ne pouvait être choisi. La grâce de son dessin et le calme éclat de sa couleur répondaient admirablement aux qualités naissantes de Raphaël. Celui-ci, plein d'admiration et de reconnaissance pour son maître, commença par l'imiter et bientôt le surpassa. Dès l'âge de

1. Comme pour *Michel-Ange* Buonarotti, la postérité a glorifié sous son prénom *Raphaël* Sanzio.

2. Pierre Vanucci, appelé le *Pérugin* parce qu'il était de Pérouse, en italien *Perugia*.

dix-sept ans, Raphaël produisait des tableaux qui le placèrent à la hauteur de son maître.

Mais Raphaël ne se borna pas à étudier sous le Pérugin. Il s'inspira du charme étrange de *Léonard de Vinci*.
Il vint admirer à Florence les dessins de *Michel-Ange*,
alors dans la pleine possession de son génie, et il
remerciait modestement Dieu de lui avoir fait la grâce
de venir au monde du temps d'un aussi grand artiste.

Raphaël et Michel-Ange eurent bientôt l'occasion de
faire comparer leur ma-
nière différente de conce-
voir la peinture. Tandis
que Michel-Ange décorait
la voûte de la chapelle
Sixtine, Raphaël couvrait
de quatre grandes com-
positions les murailles
d'une autre salle du *Va-
tican*, et si l'on restait
étonné de la vigueur de
Michel-Ange, on donnait
cependant la supériorité
aux grandes et harmo-
nieuses conceptions de
Raphaël.

Dès lors, Raphaël ne
produisit plus que des

Raphaël.

chefs-d'œuvre inimitables. Outre les compositions qu'il
continua à exécuter pour orner le palais du Vatican, il
prodiguait les grands tableaux pour les églises, les por-
traits et ses admirables vierges.

Raphaël était le neveu d'un illustre architecte, *Bramante*, d'Urbin, qui donna le premier plan et commença la
construction de *Saint-Pierre* de Rome. Il fut aussi architecte, comme son oncle, et, à la mort de Bramante, il fut
chargé de continuer le monument inachevé. Sa mort
devait laisser le soin d'achever la basilique à Michel-Ange.

Raphaël est resté le plus grand de tous les peintres par l'ensemble de ses qualités. On admire chez lui l'harmonie et la mesure dans la composition, la force unie à la grâce dans l'exécution, la justesse et le naturel éclatant du coloris. Malheureusement l'excès du travail auquel il se livrait épuisa sa santé. Il était dans toute la force de son génie, lorsqu'il se sentit mourir à l'âge de trente-sept ans. Il travaillait alors au plus beau de ses chefs-d'œuvre, au tableau de la *Transfiguration*. Il le laissa inachevé, comme Virgile avait laissé son *Enéide*. Ce fut une nouvelle et dernière conformité entre le plus grand poète du *siècle d'Auguste* et le plus grand peintre du *siècle de Léon X*.

CHAPITRE III

MOZART (1756-1781)

Nous savons peu de chose de la musique des anciens ; le moyen âge ne connut guère que le *plain-chant*. La *musique* est un art tout moderne [1], dont le grand développement date du seizième siècle et dont la plus belle expression est restée étroitement unie au nom de *Mozart*.

Mozart naquit à Salzbourg en 1756. Son père, maître de chapelle ou de musique de l'archevêque de Salzbourg, prit plaisir à développer les étonnantes dispositions que son fils montrait pour la musique. A l'âge de trois ans, Mozart écoutait attentivement les leçons que sa sœur prenait au clavecin ; puis avec ses petites mains il faisait des efforts pour tâcher de reproduire ce qu'il avait entendu. A l'âge de cinq ans, il composait déjà de petits airs que son père s'empressait de noter.

---

1. Au onzième siècle, *Gui* d'Arezzo trouva la gamme. Mais les premiers morceaux de musique moderne furent écrits par *Monteverde*, de Crémone, au seizième siècle.

Le père de Mozart voulut conduire cet enfant vraiment prodigieux dans une société où l'on pût l'apprécier, et il l'amena à Vienne, à la cour de l'empereur *Joseph II*. L'artiste de six ans surprit par la perfection de son jeu ceux que charmait la beauté de sa figure, et son succès fut immense.

De Vienne, Mozart passa en Angleterre. Il faillit alors être enlevé par une grave maladie. Tous tremblaient pour sa vie; son père seul restait calme et écrivait à un ami qu'il était tranquille, « que Dieu n'avait pas produit un tel miracle pour le faire mourir aussi jeune ».

Rétabli, Mozart revient à Vienne, et à l'âge de douze ans il écrit la musique d'un opéra et celle d'une messe à grand orchestre qu'on exécute sous sa direction.

L'Italie passait alors pour la terre par excellence de la musique. Mozart parut à Bologne, puis à Rome. Là, il entendit exécuter dans la chapelle Sixtine le *Miserere* d'*Allegri*, qui passait pour le chef-d'œuvre de la musique et qu'il était défendu de se procurer. Rentré chez lui, Mozart le copia de mémoire. Le pape *Clément XIV*, loin de punir l'artiste de treize ans, lui envoya le brevet de chevalier d'un de ses ordres. Partout l'enthousiasme éclatait, les académies l'admettaient parmi leurs membres, et on frappait des médailles pour conserver son souvenir.

Mozart.

Cependant cette gloire précoce et extraordinaire ne procurait pas la fortune au jeune compositeur. A l'âge de vingt-quatre ans, Mozart était à Vienne, ayant pour toute ressource fixe, en dehors du produit de ses œuvres, le titre de compositeur de la cour, avec 1700 francs d'appointements. L'amour de la musique, les ovations qu'il recevait [dans certaines villes, le soutenaient et lui faisaient oublier les misères d'une vie parfois difficile. Les opéras, comme les pièces de théâtre, rapportaient alors fort peu à leurs auteurs. Pour subvenir aux dépenses d'une famille composée de six enfants, il fallait s'épuiser en travaillant jour et nuit.

Mozart avait donné ses trois chefs-d'œuvre, les *Noces de Figaro*, le *Don Juan* et la *Flûte enchantée*, lorsqu'il se sentit brisé par la fatigue et atteint de la maladie qui devait l'emporter. Un riche amateur de musique était venu lui demander d'écrire pour lui un *Requiem ;* Mozart se mit au travail avec la triste pensée que ce chant funéraire serait exécuté sur sa tombe. Il mourut en effet, âgé de trente-cinq ans, en cherchant à terminer l'œuvre qui devait être sa dernière (1791).

Mozart était d'un caractère doux et tendre qui le portait à aimer tous ceux qui l'approchaient. Il eut pour sa mère et pour son père une pieuse vénération. Il se dévoua pour sa famille, pour ses amis même, et, bien qu'il fût loin d'être riche, nous le savons, il travaillait souvent pour leur porter l'argent qu'ils lui demandaient. Il s'attacha vivement à son souverain, l'empereur Joseph II, et refusa, pour rester près de lui, des offres brillantes qui lui furent faites par la cour de Prusse. Partout et toujours il s'oublia pour les autres, et son cœur fut à la hauteur de son génie.

TEMPS MODERNES
Sixième série : Savants.

CHAPITRE PREMIER

LAVOISIER (1743-1794)

Le dix-huitième siècle fut pour les *sciences naturelles* [1]
une époque d'immenses progrès. Tandis que les travaux
de *Buffon* enrichissaient
l'histoire naturelle, et ceux
de *Franklin* la physique,
la chimie était créée par
Lavoisier.

La *chimie* a son point
de départ dans l'*alchimie*
du moyen âge. On croyait
que l'or était le plus pré-
cieux de tous les métaux
et que les autres, au moyen
de certaines combinaisons,
et sous l'action du feu,
pouvaient se transformer
en or. On croyait aussi
pouvoir trouver une li-
queur capable de prolon-

Lavoisier

ger la vie humaine. La recherche de l'or ou de la trans-
mutation des métaux et la fabrication d'un élixir grâce
auquel on pourrait vivre indéfiniment, furent les deux
buts des alchimistes. Ils ne trouvèrent ni l'or ni la
liqueur merveilleuse, mais leurs travaux ne furent pas
inutiles. On leur dut des découvertes importantes, comme
celle de l'alcool. Puis, en analysant et en combinant

---

1. On appelle sciences *naturelles* la réunion de toutes les
sciences qui s'occupent de la *nature* et de ses productions.

les métaux et les substances, ils mirent sur la voie de la véritable chimie, qui consiste à chercher quels sont les éléments dont se composent les corps.

Au commencement du dix-huitième siècle, l'alchimie était abandonnée; mais la véritable chimie n'était pas encore née. Ce fut Lavoisier qui la créa.

LAVOISIER naquit à Paris le 16 août 1743. Sa famille était fort riche. Plein d'un ardent amour de l'étude, Lavoisier résolut de consacrer sa fortune aux progrès des sciences et particulièrement à ceux de la physique et de la chimie.

Il eut bientôt un admirable laboratoire, pourvu de tout ce qu'exigent les opérations les plus délicates. Il ne voulut même pas en profiter seul. Il le mit à la disposition des jeunes talents à qui leur état de fortune ne permettait pas de faire de coûteuses expériences. Il voulut même être plus riche encore, afin de pouvoir rendre de plus grands services à la science, et se fit fermier général [1].

De ce laboratoire sortirent bien des travaux remarquables. Mais la grande découverte fut celle par laquelle Lavoisier montra que l'air, considéré depuis l'antiquité, avec la terre, l'eau et le feu, comme un des éléments dont se compose le monde, était lui-même composé de deux éléments, de deux gaz, l'oxygène et l'azote [2]. Il décomposa de même l'eau, qu'il trouva composée, elle aussi, de deux éléments ou corps simples [3], l'oxygène et l'hydrogène. Enfin, par une série de travaux ininterrompus, il dégagea la chimie de toutes les vaines recherches où

1. On appelait *fermiers généraux* ceux qui se chargeaient de recueillir les impôts, moyennant une somme fixe payée à l'Etat, dont ils étaient ainsi les *fermiers*. On les accusait de s'enrichir aux dépens du peuple, alors surchargé d'impôts.

2. La même découverte fut faite en même temps en Angleterre par un chimiste nommé Priestley (1774).

3. Corps simples, c'est-à-dire ne pouvant eux-mêmes se décomposer.

elle s'était égarée, et la constitua en véritable science ayant son but, ses procédés et son langage particuliers.

Lavoisier travaillait toujours, lorsqu'en 1793 la *terreur* que le gouvernement de *Robespierre* faisait peser sur la France vint l'arracher à ses études. Il fut poursuivi pour avoir jadis, quand il était fermier général, fait entourer Paris d'une muraille, afin d'empêcher les fraudes qui se commettaient pour éviter de payer les impôts mis sur l'entrée de certaines marchandises dans la ville. On l'accusa d'avoir été un ennemi du peuple en augmentant ainsi les charges qui pesaient sur lui, et il apprit qu'on allait l'arrêter.

Il chercha d'abord à éviter la prison et la mort en acceptant un asile chez un ancien concierge de l'Académie des sciences, M. Lucas. Mais il craignit d'exposer ce brave homme à des vengeances, et, quittant sa retraite, il alla se constituer prisonnier.

Ses amis et ses disciples [1], effrayés, firent tous leur efforts pour le soustraire à la mort. Ils voulurent rappeler ses services en allant lui porter, dans sa prison, une couronne décernée aux longs travaux par lesquels il avait honoré sa patrie et l'humanité. Tout fut inutile. Lavoisier apprit qu'il devait se préparer à comparaître devant le tribunal révolutionnaire.

Il demanda qu'on lui laissât encore quelques jours pour achever un travail qu'il croyait devoir être d'une grande utilité. L'accusateur public, Fouquier-Tinville, répondit brutalement : « La République n'a besoin ni

---

1. Parmi ces disciples se trouvaient Fourcroy, Seguin et Vauquelin, qui firent en 1790, avec les appareils de Lavoisier, une grande expérience destinée à prouver la vérité des théories de leur maître. Ils produisirent du gaz hydrogène d'un côté, du gaz oxygène de l'autre, les mélangèrent et obtinrent de l'eau. L'expérience dura 185 heures ou huit jours entiers, pendant lesquels ils ne quittèrent pas un instant leur laboratoire, dormant sur un fauteuil ou un matelas et se relayant quand ils étaient fatigués.

de savants ni de chimistes; le cours de la justice ne sera pas interrompu. »

Lavoisier monta à l'échafaud le 8 mai 1794. Il n'avait que cinquante-trois ans. Il était dans le plein développement de son génie, et sa constitution robuste, sa vie admirablement réglée, promettaient encore au savant de longs jours et à la France de glorieux travaux.

L'accusation même pour laquelle on le tua était absurde. On ne rappela pas toutes les preuves d'humanité et de bienfaisance que Lavoisier avait données dans sa charge de fermier général. Il avait fait abolir le droit que s'arrogeait l'État de faire fouiller et bouleverser les maisons sans indemnité, si l'on croyait pouvoir y trouver du salpêtre pour la fabrication de la poudre. Il avait fait supprimer un impôt odieux établi dans quelques parties de la France sur les Juifs. En 1788, pendant une disette, la ville de Blois manquait d'argent pour distribuer du pain aux malheureux : Lavoisier lui envoya cinquante mille francs.

Sa mort seule suffirait à faire exécrer l'odieux et sanglant régime imposé pendant quelques mois à la France par Robespierre et ses amis.

CHAPITRE II

BUFFON (1707-1788)

Il est des savants qui au génie scientifique ont joint d'incomparables talents littéraires, et qui, même après que les progrès des sciences ont fait abandonner leurs idées, gardent une place considérable dans la mémoire des hommes, par le charme que présente l'exposition de leurs travaux et de leurs théories. Parmi ces hommes deux fois illustres, comme savants et comme littérateurs, aucun n'a égalé la renommée de *Buffon*.

Georges-Louis Leclerc, *comte* DE BUFFON, naquit à

Montbard, le 7 novembre 1707. Dès son enfance, il manifesta une grande passion pour l'étude des sciences. Au collège, il quittait souvent le jeu pour tracer sur le sable des figures de géométrie. Un jour, il était monté, à l'aide d'une corde à nœuds, au sommet du clocher d'une petite église. Tout à coup, on le vit redescendre le long de la corde avec une rapidité effrayante. Il venait de trouver la solution d'un problème qui l'embarrassait depuis la veille, et, dans son empressement d'en vérifier l'exactitude, il ne s'était pas aperçu qu'il s'était mis les mains et les genoux en sang.

Cet amour de l'étude préserva Buffon des vains plaisirs où aurait pu l'entraîner sa grande fortune. Il se fit connaître par des travaux importants et, en 1740, fut nommé intendant du *Jardin du Roi* [1].

C'est alors qu'il commença à écrire son *Histoire naturelle*. C'était un travail immense et qui l'occupa désormais tout

Buffon.

entier. Il avait auprès de lui des hommes de grand talent, qui l'aidaient à amasser les matériaux de son œuvre [2]. Il ne restait à Paris que le temps exigé par les devoirs de sa charge, et passait la plus grande partie de son temps à sa terre de Montbard.

Là, il y avait, près de son château, une tour élevée et de vieux remparts écroulés, seuls débris d'un ancien châ-

1. Aujourd'hui le Jardin des Plantes de Paris.
2. C'était d'abord Daubenton et, après lui, Guéneau de Montbeillard et l'abbé Bexon.

teau féodal. Il choisit cet endroit pour sa retraite. Il plaça sa bibliothèque au premier étage de la vieille tour, se fit construire un cabinet de travail, simple et sans ornements, sur le vieux rempart, et put méditer et écrire dans le calme et la solitude l'histoire de la nature.

Les premiers volumes lui valurent une réputation universelle. Jamais la nature n'avait été décrite avec plus de force et de majesté. Les souverains de l'Europe le félicitèrent. L'empereur d'Allemagne Joseph II vint le voir à Montbard. « Monsieur de Buffon, lui dit-il, je viens causer sans façon avec vous. » Et quand Buffon voulut se lever pour le reconduire : « Restez, vous êtes ici chez vous, et moi je suis sur les terres de votre empire. » Le roi de Prusse Frédéric II lui envoya ses ouvrages pour les corriger. Le prince Henri de Prusse, son frère, se découvrait à la vue du cabinet de travail de Buffon, comme devant un lieu consacré. Les rois de Danemark et de Suède, l'impératrice de Russie Catherine II, lui envoyaient des présents pour ses collections, et celle-ci y joignait de précieuses fourrures. Plus tard, en 1814, lorsque l'ambition de Napoléon eut attiré les étrangers en France, l'empereur d'Autriche donna ordre de respecter Montbard. « La résidence de l'historien de la nature, dit-il, doit être sacrée pour les amis des sciences. C'est un domaine qui appartient à l'humanité. »

Quand l'*Histoire naturelle* fut terminée, Buffon ne se reposa pas. Il ajouta encore à sa gloire par son ouvrage des *Époques de la nature*. Là, il exposait dans un style admirable la manière dont avait pu se former la terre. Beaucoup de ses vues n'étaient que des suppositions que la science n'a pas confirmées. Mais il avait créé la science de la géologie, entrevue par Bernard Palissy.

Ces travaux demandaient une activité continuelle. Buffon s'y dévoua tout entier. Il aimait à dire : « On n'obtient rien de la nature qu'à force de la tourmenter. » « Le génie n'est qu'une plus grande aptitude à la patience. » Quand on lui demandait comment il avait acquis tant de gloire, il répondait : « En passant cinquante années de ma vie à mon bureau. » Dans sa jeunesse, il aimait le sommeil et avait peine à se lever matin. Il exigea que son domestique vînt le réveiller tous les jours, et, quand son maître ne se levait pas, il avait ordre de jeter dans le lit une cuvette d'eau froide. Aussi Buffon disait-il : « Je dois à Joseph deux ou trois volumes de l'*Histoire naturelle.* »

Buffon attachait la plus grande importance au style, qui seul fait vivre les ouvrages. Et c'est avec raison. Car, pour le fond de l'ouvrage, il faut emprunter beaucoup aux travaux de ses prédécesseurs, de ses contemporains, tandis que le style, disait-il, est l'œuvre « de l'homme même ». On dit qu'il recopia jusqu'à quatorze fois son livre des *Époques de la nature.*

Buffon joignait à son amour du travail une grande modestie. Il corrigeait dans ses œuvres toutes les erreurs qu'on lui démontrait. « J'aime autant, disait-il, une personne qui me relève d'une erreur qu'une autre qui m'apprend une vérité, parce qu'en effet une erreur corrigée est une vérité. » A ce moment vivait en Suède le célèbre naturaliste *Linné*, avec lequel il avait eu des discussions fort vives. Buffon reconnut de lui-même ses torts, lorsqu'il vit l'utilité des travaux de son adversaire et rival.

Enfin, il se fit remarquer par la bonté de son cœur. Presque dans son extrême vieillesse, il parlait avec émotion de sa mère, à qui il rapportait ses meilleures qualités. Quelque temps après avoir perdu son père, il dut faire à l'Académie l'éloge d'un collègue mort depuis peu. « Je viens, dit-il à la fin de son discours, de perdre mon père, précisément au même âge. Il était, comme M. de Châteaubrun, plein de vertus et d'années ; les regrets permettent la parole, mais la douleur est muette. » Et il se rassit en essuyant ses larmes.

L'absence ou les indispositions de son fils allaient jusqu'à le rendre malade. Il se montra inconsolable de la perte de sa femme, et l'amitié profonde qu'il voua à Mme Necker put seule adoucir l'amertume de ses dernières années.

Il était adoré des paysans de Montbard, sur lesquels s'exerçait continuellement sa bienfaisance. Il faisait un grand nombre de charités cachées, distribuait du blé aux jours de disette, dotait les filles pauvres de sa terre et payait souvent les dettes des paysans. Il employait parfois deux ou trois cents manœuvres à faire dans son château des ouvrages de pur agrément. « N'oubliez pas, disait-il, que mes jardins ne sont qu'un prétexte pour faire l'aumône. »

Buffon était malade de la pierre. Il souffrait horriblement et se sentait près de sa fin, lorsqu'il crut nécessaire de revenir à Paris pour surveiller les travaux du Jardin du Roi ; les secousses de la voiture hâtèrent sa mort. Il mourut à l'âge de quatre-vingt-un ans, le 16 avril 1788.

On a résumé l'importance de son œuvre dans l'inscription placée au bas de la statue que l'admiration de ses contemporains lui avait élevée de son vivant : « Son génie fut égal à la grandeur de la nature : *Majestati naturæ par ingenium*. »

CHAPITRE III

FRANKLIN (1706-1790)

Il est des savants qui aiment la science pour elle-même. Il en est d'autres qui ne voient dans les recherches scientifiques qu'un moyen d'être utiles aux hommes. Ils n'oublient jamais qu'ils ne sont pas nés uniquement pour eux-mêmes et pour satisfaire leur désir de savoir. Ils ne se désintéressent pas des questions qui s'agitent autour d'eux; ils prennent part aux souffrances, aux luttes, aux triomphes de leur pays. Ils ne veulent pas seulement cultiver la science, ils veulent encore remplir leurs devoirs envers leur patrie et l'humanité. Le modèle le plus complet de ces grands hommes utiles nous est fourni par *Benjamin Franklin*.

FRANKLIN naquit à Boston [1], en 1706. Son père était un humble fabricant de chandelles et de savon, qui, voulant que son fils eût le plus tôt possible un métier, lui fit donner une instruction très élémentaire et le mit en apprentissage chez un coutelier.

Mais l'enfant était possédé du désir d'apprendre. Il cherchait partout des livres, et obtint de sortir de chez son coutelier pour entrer chez un imprimeur. Là, on le voyait dévorer tous les livres qui lui passaient sous les yeux et apprendre rapidement ce qu'ils contenaient. Il se passionna pour Xénophon, dans les œuvres duquel il admirait des leçons sages et pratiques données dans un style simple et charmant. Franklin alla se perfectionner

Franklin.

en Angleterre, où il classa les notions un peu confuses qu'il avait tirées de ses lectures précipitées. Il y compléta son instruction, et revint en Amérique à l'âge de vingt-deux ans, étant au courant de toutes les connaissances et du mouvement scientifique de son temps.

Alors commença son œuvre personnelle, qui peut se résumer en deux mots : *être utile.*

Il s'établit à Philadelphie [2] et fonda une imprimerie

1. Ville du nord des Etats-Unis, sur l'Atlantique, dans l'Etat de Massachusets.

2. Ville du nord des Etats-Unis, dans l'Etat de Pensylvanie. C'est là que fut proclamée l'indépendance, le 4 juillet 1776.

qui, grâce à son activité, fut bientôt prospère et lui donna
une certaine fortune. Il en employa une partie à créer
la première bibliothèque publique qu'on eût vue en
Amérique. Il l'enrichit des dons que lui envoyaient les
amis qu'il avait laissés en Angleterre, et mit ainsi à la
disposition de ses compatriotes un résumé complet des
connaissances humaines.

Il organisait en même temps une société où ses concitoyens venaient discuter des questions de morale, de
religion ou de politique. Pour les éclairer sur leurs intérêts agricoles, industriels, politiques ou commerciaux,
il fondait un journal où il prodiguait ses connaissances
et ses conseils. Mais Franklin voulait plus encore. Sa
bibliothèque, sa société et son journal s'adressaient à
des gens ayant déjà quelque instruction. Il voulut faire
l'éducation des paysans, des classes populaires, et commença à publier en 1732 son *Almanach du Bonhomme
Richard*. Les préceptes de morale, les sages recommandations, les conseils pour l'agriculture, les articles destinés à instruire, enfin tout ce qui pouvait être utile se
trouvait exposé dans ces petits ouvrages sous une forme
claire, intéressante et pleine de bon sens et de finesse.
Le *Bonhomme Richard* fit en quelques années l'éducation
du peuple américain.

Mais toutes ces œuvres si utiles n'étaient pour Franklin
qu'un délassement. Il s'appliquait avec ardeur à l'étude
de la physique, et il dota bientôt l'humanité d'une pré-
cieuse découverte. Il reconnut que la foudre était produite par la combinaison subite de l'électricité contenue
dans les nuages avec celle qui se trouve à la surface de
la terre par les jours d'orage. Alors se produit cette
étincelle éblouissante ou éclair, accompagné du bruit
que nous appelons tonnerre et suivi de si terribles
effets. Franklin chercha le moyen de prévenir cette
combinaison instantanée. Il remarqua que l'électricité
contenue dans la terre peut s'écouler lentement par une
tige de métal pointue. Elle va par cette pointe se mêler

à l'électricité des nuages : dès lors, la combinaison des deux électricités se fait entre les nuages et la tige métallique, et la partie de la terre qui se trouve aux environs de la tige peut être mise à l'abri des effets de la foudre. De là l'invention du *paratonnerre.* On vit bientôt les édifices des deux mondes, les maisons particulières, se couvrir de tiges métalliques pointues et défier les bruyantes colères des orages.

Le moment approchait où Franklin allait rendre d'immenses services à sa patrie. Les colonies anglaises d'Amérique protestaient contre les prétentions du Parlement anglais de leur faire payer des impôts sans leur consentement. Elles prirent les armes pour résister [1].

Mais, avant de rompre définitivement avec l'Angleterre, les colonies voulurent envoyer à Londres un homme capable d'obtenir des concessions du ministère anglais. Les immenses services rendus par Franklin, sa réputation de savant, son nom connu partout, des plus élevés comme des plus humbles, le firent choisir pour ambassadeur. Il ne put rien obtenir de l'Angleterre; mais alors il passa en France. Là, sa simplicité républicaine, son air de bonhomie et en même temps de grande dignité lui gagnèrent tous les cœurs. A la cour de Versailles, à Paris, dans les rues, dans les promenades publiques, on s'empressait pour voir, avec ses cheveux blancs et son bâton à la main, « ce vieux paysan qui avait l'air si noble ». Il entraîna l'opinion publique, et Louis XVI se décida à soutenir les Américains. *Washington* par ses talents militaires, *Franklin* en obtenant l'alliance de la France assurèrent l'indépendance de la république des États-Unis.

En 1785, Franklin, âgé de près de quatre-vingts ans et infirme, quitta la France pour revenir terminer ses jours dans sa patrie. Ses concitoyens lui témoignèrent leur reconnaissance par une réception enthousiaste, et il

1. Voir la vie de Washington.

mourut, entouré de la vénération universelle, plein de jours et de gloire, en 1790. Le *Congrès américain* [1] ordonna que le deuil serait porté pendant deux mois dans tous les Etats-Unis, et les citoyens prolongèrent d'euxmêmes le terme assigné.

La France accueillit avec douleur la nouvelle de la mort de Franklin. Le plus grand orateur de l'*Assemblée nationale constituante* [2], *Mirabeau*, l'annonça en ces termes :

« Franklin est mort ! Il est retourné au sein de la divinité, le génie qui affranchit l'Amérique et versa sur l'Europe des torrents de lumière !

« Le sage que deux mondes réclament, l'homme que se disputent l'histoire des sciences et l'histoire des empires, tenait sans doute un rang élevé dans l'espèce humaine.

« Assez longtemps les cabinets politiques ont notifié la mort de ceux qui ne furent grands que dans leur éloge funèbre ! Assez longtemps l'étiquette des cours a proclamé des deuils hypocrites ! Les nations ne doivent porter que le deuil de leurs bienfaiteurs ; les représentants des nations ne doivent recommander à leur hommage que les héros de l'humanité.

« Le Congrès a ordonné dans les quatorze États confédérés un deuil de deux mois pour la mort de Franklin, et l'Amérique acquitte en ce moment ce tribut de vénération et de reconnaissance pour un des pères de sa Constitution.

« Ne serait-il pas digne de vous, messieurs, de vous unir à cet acte vraiment religieux, de participer à cet hommage rendu à la face de l'univers ; et aux droits de l'homme, et au philosophe qui a le plus contribué à en propager la conquête sur la terre ? L'antiquité eût élevé

---

1. On appelle Congrès aux Etats-Unis la réunion de la Chambre des représentants et du Sénat.

2. C'est-à-dire réunie pour donner une Constitution nouvelle à la France, au moment de la Révolution de 1789.

des autels à ce vaste et puissant génie, qui, au profit des mortels, embrassant dans sa pensée le ciel et la terre, sut dompter la foudre et les tyrans. L'Europe éclairée et libre doit du moins un témoignage de souvenir et de regret à l'un des plus grands hommes qui aient jamais servi la philosophie et l'humanité.

« Je propose qu'il soit décrété que l'Assemblée nationale portera pendant trois jours le deuil de Benjamin Franklin. »

CHAPITRE IV

PAPIN (1647-1710)

De toutes les parties où s'exerce l'activité humaine, il n'en est pas une aujourd'hui qui puisse se passer de la *vapeur*. L'industrie, le commerce, la navigation, les relations des hommes entre eux, l'agriculture même réclament de plus en plus l'usage des machines à vapeur. Cet immense mouvement a eu pour point de départ les travaux d'un homme qui est mort pauvre et inconnu, *Denis Papin*.

PAPIN naquit à Blois le 22 août 1647. Son père

Denis Papin.

était médecin, et Papin se destina d'abord à suivre la même carrière. Mais ses goûts le poussaient à une vie sédentaire, vouée tout entière à l'étude des sciences. Il abandonna la profession paternelle pour se livrer tout entier à ses études favorites, la physique et la mécanique.

Papin fut bientôt connu par des travaux estimables, et les savants de son temps le recherchèrent. Le Hollandais Huyghens, qui appliqua le pendule aux horloges, voulut l'avoir comme aide; l'Anglais Boyle l'appela près de lui et le fit nommer membre de la Société royale de Londres. C'est alors que parut la modeste machine qui a rendu le nom de Papin célèbre, et qu'on appelle la *marmite de Papin*.

Papin avait remarqué que, si l'on empêchait la vapeur de s'échapper d'un vase rempli d'eau et bien clos, l'eau pouvait être portée à un degré de chaleur bien supérieur à celui qu'elle peut atteindre quand la vapeur s'échappe librement. Il voulut appliquer cette remarque à la préparation des aliments et faire cuire ainsi des viandes « en fort peu de temps et à peu de frais ». Mais, si l'on comprime trop la vapeur qui tend à sortir d'un vase, celui-ci peut éclater. Papin imagina de construire une marmite bien close, mais dont le couvercle porterait un trou fermé par une petite soupape maintenue par un poids. Si la force de la vapeur produite à l'intérieur de la marmite devenait trop grande, elle soulevait alors la soupape, et une partie de la vapeur s'échappait sans qu'il y eût danger que la marmite éclatât. Cette soupape est encore employée dans nos machines à vapeur sous le nom de *soupape de sûreté*. Elle a aidé à multiplier l'emploi des machines à vapeur en inspirant une confiance absolue à ceux qui les emploient. Sans elle, on serait toujours sous la crainte de terribles explosions.

Cette invention mit Papin sur la voie de découvertes plus importantes. Il réfléchit sur la force de la vapeur comprimée, et conçut le premier la possibilité de l'employer pour faire mouvoir une machine.

Mais il fut troublé dans ses travaux par des persécutions religieuses. A ce moment, le roi Louis XIV voulait qu'il n'y eût en France qu'une seule religion, le catholicisme, et il ordonna à ses sujets protestants de se faire catholiques [1]. Ils devaient choisir entre l'abjuration de leurs croyances ou l'exil. Papin préféra s'exiler et se retira en Allemagne.

Alors commença pour lui une vie de privations et de misère. Il se ruina peu à peu dans les essais auxquels il se livrait pour perfectionner une machine à vapeur. Enfin un jour, en 1707, il mit la dernière main à un bateau « qui pouvait se mouvoir avec des roues, sans le secours de voiles et de rames ».

Il fit marcher ce bateau sur le Weser. Mais une affreuse douleur lui était réservée. La navigation sur le Weser appartenait à une corporation de mariniers, qui avaient le droit de confisquer toutes les embarcations qui naviguaient sans leur permission sur le fleuve. Ils virent le bateau de Papin et se figurèrent que cette invention d'un bateau qui semblait marcher tout seul allait les ruiner. Ils accoururent vers le Weser, tirèrent le bateau sur le rivage et le mirent en pièces.

Ce fut le dernier coup pour l'infortuné Papin. Il était vieux, réduit à la misère, incapable de reprendre ses essais. Il se retira en Angleterre et y mourut dans le plus complet abandon. On ignore même l'époque de sa mort, qui dut arriver de 1710 à 1714.

La machine à vapeur disparut avec lui, et il fallut attendre les travaux de Watt pour la voir reparaître.

De nos jours, la France a voulu rendre à la mémoire du grand et malheureux inventeur les hommages qui lui étaient dues. La ville de Blois lui a fait élever une statue. Hommage tardif, mais qui doit montrer que le jour de la justice arrivera toujours pour les inventeurs qui auront le génie et les infortunes de Denis Papin.

1. C'est la *Révocation de l'édit de Nantes,* par laquelle Louis XIV supprimait la liberté de conscience accordée aux protestants par son aïeul Henri IV. Voir le chapitre XXVI.

CHAPITRE V

WATT (1736-1819.)

Denis Papin était mort sans avoir laissé au monde cette machine à vapeur qu'il avait rêvée. Cependant le développement de la grande industrie moderne rendait indispensable la construction de machines. Les bras ne suffisaient plus à la fabrication des produits répandus dans toutes les parties du monde par un commerce toujours plus actif. Des essais informes et coûteux se faisaient pour arriver à aider l'homme par des machines. La véritable machine à vapeur fut enfin créée par le génie de *Watt*.

Watt.

James WATT naquit à Greenoch [1] en 1736. Son père était commerçant et voulut que son fils entrât aussitôt que possible dans la pratique des affaires. Les dispositions de James Watt le portaient à s'occuper de mécanique. Il fut placé à seize ans à Londres en apprentissage chez un fabricant d'instruments de précision pour les mathématiques et la marine.

Cependant Watt était d'une santé délicate. Le séjour d'une grande ville lui était funeste. Il dut revenir en Ecosse chez ses parents; mais il connaissait déjà assez bien son métier pour s'établir lui-même à Glasgow, et l'Université de cette ville le choisit pour fabriquer ses

1. Ville d'Ecosse, à l'embouchure de la Clyde, près de Glasgow.

instruments de mathématiques et de physique et conserver ceux qu'elle possédait.

James Watt eut alors l'occasion d'étudier les modèles de machines à vapeur dont se servaient les possesseurs des houillères pour extraire l'eau de leurs mines. Il en reconnut les imperfections et se mit aussitôt à l'œuvre pour inventer une machine meilleure.

En 1763 commencèrent les essais successifs qui devaient aboutir à la création de la machine à vapeur.

Watt fit d'abord une machine destinée à faire marcher une pompe. C'est ce qu'on appelle la *pompe à feu*. Puis, travaillant, corrigeant sans cesse, ajoutant de nouveaux perfectionnements aux anciens, il arriva peu à peu à construire une machine qui, faisant tourner sur elle-même une tige de fer arrondie placée horizontalement, pouvait, par cet intermédiaire, donner le mouvement et la vie aux appareils les plus compliqués. En 1784, la *machine à vapeur* était créée telle qu'elle existe encore aujourd'hui. On a pu y ajouter quelques améliorations de détail, mais elle reste toujours dans ses parties principales la *machine de Watt*.

Dès lors, l'industrie moderne prit l'essor. Elle put atteindre cet immense développement auquel nous assistons de nos jours et entrevoir un avenir de progrès indéfinis.

La machine de Watt fit mieux encore. Grâce à elle, les objets furent fabriqués à meilleur marché, et bien des personnes purent acheter des objets dont l'usage était jusque-là permis à ceux-là seuls qui possédaient quelque fortune. Puis le travail pénible des ouvriers fut adouci; et en même temps, comme le maître qui les occupait faisait de plus grands bénéfices, il put mieux payer ses employés, qui eurent ainsi, avec un salaire plus élevé, moins de fatigue et plus d'aisance. Chaque jour encore, le sort des travailleurs dans les fabriques s'améliore, et il deviendra toujours meilleur. Ils seront mieux payés, moins accablés de travail, et ils pourront alors s'occuper de cultiver leur intelligence et d'employer utilement les loisirs que la machine de Watt leur aura donnés.

Telles sont les idées qui doivent nous occuper lorsque nous voyons ces machines gracieuses ou terribles, légères ou gigantesques, qui remplissent de vie et de bruit toute une grande fabrique. Nous devons y songer, quand nous voyons la vapeur blanche ou noire qui sort des cheminées de nos usines, quand nous regardons le bateau qui parcourt nos fleuves, le steamer qui franchit les océans, la locomotive qui nous transporte si rapidement où nous voulons aller. Nous devons penser que nos aïeux étaient privés de tous ces avantages, et, nous qui en jouissons, nous devons alors garder dans notre cœur une reconnaissance éternelle à James Watt.

TEMPS MODERNES

Septième série : Explorateurs.

CHAPITRE PREMIER

COOK (1728-1779)

Les voyages de *Christophe Colomb* et de *Vasco de Gama*, les découvertes des Espagnols et des Portugais avaient fait connaître l'Asie et l'Amérique ; mais des parties du monde restaient encore inexplorées. C'était ce nombre immense d'îles répandues dans l'océan Pacifique et qu'on a groupées sous le nom d'Océanie. C'étaient les tristes régions des pôles, dont la barrière de glace n'avait jamais été affrontée par les navigateurs. Le DIX-HUITIÈME siècle reprit l'œuvre du quinzième et du seizième. De hardis navigateurs rappelèrent les noms des Colomb et des Gama. Le plus illustre d'entre eux fut le capitaine *Cook*.

James COOK naquit à Morton[1] en 1728. Son père était un modeste cultivateur : il avait neuf enfants. Il ne pouvait évidemment pas leur faire donner une brillante éducation, et le jeune Cook dut se contenter d'apprendre à lire et à écrire à l'école du village d'Aïton. C'est de ce modeste commencement qu'il partit pour devenir, à force de travail et de persévérance, un des hommes les plus savants et le premier explorateur du DIX-HUITIÈME siècle.

Placé en apprentissage chez un mercier, à l'âge de treize ans, le jeune Cook résolut de devenir marin. Il s'embarque comme mousse, devient matelot, puis maître d'équipage. Il navigue sur les vaisseaux du commerce et sur ceux de l'Etat, se fait remarquer dans la guerre entre la France et l'Angleterre, étudiant et travaillant sans cesse, et il était déjà assez connu, en 1763, pour qu'on le chargeât de dresser une carte du Saint-Laurent[2] et des terres et îles qui l'avoisinent.

Cook.

Cinq ans après, l'ancien écolier d'Aïton était choisi par la Société royale de Londres pour aller faire des observations astronomiques de première importance dans l'île de Taïti, et continuer l'exploration des îles océaniennes.

Cook s'acquitta de sa mission de manière à dépasser

1. Ville d'Angleterre dans le comté d'York.
2. Fleuve de l'Amérique du Nord. En face de son embouchure est l'île de Terre-Neuve.

toutes les espérances qu'on avait fondées sur son talent de navigateur et sur son savoir. Il reconnut la *Nouvelle-Zélande* et le canal qui en sépare les deux terres, qu'on appela le détroit de Cook. Il se dirigea vers l'*Australie*, dont on ne connaissait que la côte occidentale, et reconnut six cents lieues de la côte orientale. Il reconnut ensuite la *Nouvelle-Guinée.* Partout il dressait des cartes, recueillait des observations sur les pays, leurs productions, leurs habitants. C'est ainsi qu'en abordant en Australie, frappé des plantes qu'il y rencontra et qui étaient tout à fait différentes de celles d'Europe, il donna le nom de Botany bay ou baie de la Botanique à la première terre où il descendit. Il revint après un voyage de trois ans, en 1771, rapportant des trésors immenses d'observations à la Société de Londres.

L'année suivante, il repartait pour explorer les régions du *pôle Sud* ou *Austral.* Pendant trois ans, il resta dans ces régions froides et désolées, pénétra jusqu'au soixante-dixième degré de latitude sud, et revint convaincu qu'au delà des glaces aucune région habitable n'existait dans ces contrées. Au retour, il voulut ajouter encore à ses découvertes en Océanie et parcourut de nouveau les îles, parmi lesquelles il reconnut les *îles Sandwich* et la *Nouvelle-Calédonie.*

En 1776, il reprend la mer. A ce moment, la France était en lutte avec l'Angleterre, contre laquelle elle soutenait les colonies révoltées de l'Amérique du Nord. Le roi *Louis XVI* ne voulut pas que les hostilités entre les Anglais et les Français s'étendissent au capitaine Cook. Il fit écrire à tous les commandants et chefs d'escadre français de traiter le capitaine Cook, partout où ils le rencontreraient, non comme un ennemi, mais comme un ami de la France. Ils devaient lui prêter tous les secours dont il avait besoin et voir seulement en lui un homme dont les travaux honorent l'humanité.

Dans ce dernier voyage, Cook se dirigeait vers le détroit de Behring, pour voir s'il existait des communications au nord de l'Amérique, par l'océan Glacial, entre l'océan Atlantique et l'océan Pacifique. Il fut arrêté par les glaces au soixante-dixième degré de latitude nord, resta plusieurs mois prisonnier et dut revenir sur son chemin.

Mais il ne rentra pas aussitôt en Angleterre. Il se remit à visiter l'Océanie, le théâtre de ses grandes découvertes, reconnut de nouvelles terres et arriva à l'île d'*Havaï*, une des îles *Sandwich*. C'est là que devait se terminer misérablement une si belle carrière. Les naturels de l'île avaient commis de nombreux vols parmi les équipages anglais. Cook voulut les forcer à rendre ce qu'ils avaient pris, et descendit à terre dans un canot avec neuf hommes pour s'emparer de leur chef. Les naturels accoururent plus nombreux et plus audacieux que Cook ne l'avait supposé. Il fallut battre en retraite en combattant. Cook marchait à reculons, imposant par sa ferme attitude le respect aux sauvages qui l'attaquaient. Mais, à un certain moment, il se retourna pour donner un ordre : les furieux se précipitent, le frappent par derrière. Il est renversé, massacré et mis en pièces, le 14 février 1779.

Cook se faisait remarquer, comme navigateur, non seulement par cette science qu'il ne devait qu'à lui-même, mais encore par son humanité. Aucun commandant ne fut meilleur pour les marins qui l'accompagnaient, aucun ne sut mieux leur éviter des fatigues inutiles, remonter leur moral affaibli, et les soigner dans leurs maladies. Cette bonté s'étendait aux insulaires des pays qu'il parcourait et contre lesquels il ne voulait jamais employer la violence que pour se défendre et à la dernière extrémité. Par ses découvertes, il a mérité notre reconnaissance. Par sa science et ses qualités morales, il est digne en tout point de servir d'exemple aux explorateurs.

CHAPITRE II

BOUGAINVILLE (1729-1811) — LA PÉROUSE (1741-1788)

La France eut une part glorieuse dans le mouvement maritime qui eut pour conséquence de nous faire connaître une nouvelle partie de monde, l'Océanie, et de nous donner les premières notions précises sur les régions polaires. Deux hommes s'y placèrent au premier rang, l'un par le charme avec lequel il sut présenter le résultat de ses découvertes, l'autre par l'émotion profonde que. causa sa disparition mystérieuse : ce sont *Bougainville* et *La Pérouse*.

BOUGAINVILLE naquit à Paris en 1729. Il fut destiné par sa famille à la profession d'avocat. Mais son activité et son humeur aventureuse lui firent abandonner le barreau pour l'état militaire. Capitaine dans un régiment de dragons, il passa aux colonies et se distingua dans la petite armée qui, sous les ordres du *marquis de Montcalm*, défendit héroïquement le Canada contre les Anglais.

Après la paix de 1763, il chercha où il pourrait exercer son besoin d'agir. A ce moment, l'attention se portait vers les explorations, qui faisaient surgir tout un monde d'îles inconnues du sein de l'océan Pacifique. Bougainville se fit marin.

Aidé par une connaissance approfondie des mathématiques et de l'astronomie, il ne tarda pas à embrasser toute la science de la navigation, et, en 1766, il obtenait la direction d'une expédition scientifique chargée d'accomplir le tour du monde et de découvrir des terres nouvelles.

Le voyage dura trois ans. Bougainville parcourut la plus grande partie des archipels de l'Océanie. Il navigua avec une admirable sagacité parmi ces milliers d'îles entourées de brisants et d'écueils, séparées par des détroits difficiles et non encore explorés. Doué d'une admirable justesse d'esprit, il accumulait les observations neuves et exactes sur les terres, leurs productions, leurs habitants, avec leur organisation et leurs mœurs, et revint en France par le détroit de Magellan, chargé de renseignements inestimables, dont il donna immédiatement une relation.

L'effet de sa relation fut immense. Bougainville s'y révélait écrivain plein d'intérêt et de charme. Son voyage revivait tout entier dans ses descriptions : on en partageait toutes les émotions. On circulait avec mille précautions à travers les passes semées de récifs de l'*archipel Dangereux* [1]; on voyait la mer couverte des innombrables pirogues des *îles des Navigateurs* [2]; on s'émerveillait à voir sortir des flots, toute fraîche et éclatante, l'île de *Taïti* [3], avec ses heureux habitants aux mœurs douces et pacifiques, et leur aimable liberté dans leur printemps éternel. Le livre de Bougainville fut traduit dans presque toutes les langues, et il donna une plus vive activité au mouvement qui entraînait les marins vers ces terres nouvelles.

Bougainville vécut encore longtemps en pleine possession de sa gloire. Il mourut à Paris en 1811, à l'âge de quatre-vingt-deux ans.

A cette vieillesse vénérée et glorieuse s'oppose tristement le sort de *La Pérouse*.

La Pérouse naquit à Albi en 1741. Entré jeune dans la marine, il s'y était fait connaître par sa science, son esprit, son heureux caractère. Aimant passionnément la mer, il voyageait continuellement sur les bâtiments de l'Etat, sur les vaisseaux de commerce, et avait acquis une connaissance complète de la navigation. Une expédition admirablement conduite contre les établissements anglais de la baie d'Hudson, en 1782, révéla en lui un de nos plus habiles hommes de mer.

C'est alors que *Louis XVI* le chargea d'accomplir son voyage autour du monde. Le voyage de La Pérouse fut

1. Ou îles Pomotou.
2. Ou îles Samoa.
3. Elle vient d'être cédée par son roi à la France (1880).

préparé avec le plus grand soin. Le roi, qui s'occupait beaucoup de géographie et qui avait suivi avec le plus vif intérêt les récentes découvertes de *Cook*, voulut tracer de sa main les instructions données au commandant de l'expédition.

La Pérouse partit de Brest le 1er août 1785 avec les deux frégates *la Boussole* et *l'Astrolabe*. Il s'avança par le détroit de Behring jusqu'au soixantième degré de latitude nord, mais fut arrêté par une barrière de glaces infranchissable. Il revint alors préciser les connaissances acquises sur les mers qui baignent les îles de la Sibérie orientale et du Japon. Il se dirigea ensuite vers l'Australie et annonça son départ vers les Nouvelles-Hébrides. Il voyageait ainsi depuis trois ans (1788), lorsque tout d'un coup on cessa de recevoir de ses nouvelles.

La Pérouse.

Qu'était-il devenu ? Les marins envoyés à sa recherche ne découvraient rien. Etait-il prisonnier d'une peuplade sauvage dans quelque île inconnue ? Avait-il été assassiné, comme le capitaine Cook ? Avait-il échoué sur une terre déserte et attendait-il vainement qu'un vaisseau parût pour le ramener dans sa patrie ? On resta dans cette incertitude pleine d'émotion jusqu'en 1827. C'est alors que le capitaine *Dillon*, de la marine anglaise, et, l'année suivante, le capitaine français *Dumont d'Urville*[1] décou-

---

1. Dumont d'Urville fut plus malheureux encore. Après avoir fait trois grands voyages scientifiques, il mourut brûlé dans un accident de chemin de fer près de Versailles, le 8 mai 1842.

vrirent, au milieu des récifs dont est hérissé le groupe des îles *Vanikoro*, les débris des frégates de La Pérouse. Les vaisseaux avaient touché, la nuit, par une mer orageuse, ces écueils inconnus et redoutables. Ils avaient été ouverts et brisés par le choc, et l'équipage avait disparu.

Les débris de ce malheureux naufrage furent précieusement recueillis et déposés dans le musée de la marine au Louvre. On les contemple avec émotion, et on rend un respectueux hommage à La Pérouse et à ses infortunés compagnons.

HISTOIRE CONTEMPORAINE

CHAPITRE PREMIER

CUVIER (1769-1832)

Buffon avait annoncé que la terre avait son histoire, comme l'humanité. Il avait cherché à tracer les différentes périodes des transformations du globe dans ses *Époques de la nature*. Une voie immense était ouverte aux recherches des géologues et des naturalistes. On fouilla la terre pour examiner la formation du sol, pour y trouver les débris des races disparues dans les grands bouleversements qui avaient modifié la surface terrestre. On exhuma de ces archives que la terre enfermait en son sein, tous les titres qui pouvaient servir à reconstituer son histoire si vieille et si mystérieuse. Le succès qui couronna les tentatives faites dans ce but a rendu célèbre le nom de *Cuvier*.

Cuvier naquit à Montbéliard en 1769. Dès son enfance, il manifesta sa passion pour l'histoire naturelle. Au collège, on le voyait s'oublier dans la lecture des œuvres de Buffon ; il en apprenait par cœur les descriptions et les reproduisait par le dessin. Dans ses promenades, il aimait à recueillir les plantes; puis, à son retour, il les classait d'après une méthode qu'il s'était faite à lui-même, et pour exposer ses observations il créait un journal zoologique.

Placé à dix-neuf ans comme précepteur chez le comte d'Héricy, il partit pour la Normandie. Il vit les falaises et le travail continuel accompli à leurs pieds par l'Océan, qui modifie d'une manière lente, insensible, mais in-

Cuvier.

cessante, l'aspect de la côte. Cette vue le fit méditer sur les révolutions qu'avait dû subir le globe, et il résolut d'en étudier l'histoire.

En 1796, chargé de faire le cours d'anatomie comparée [1] au *Muséum d'histoire naturelle*, Cuvier y exposa le résultat de ses recherches. Remarquant que rien n'était donné au hasard dans la construction des animaux qui vivent aujourd'hui à la surface du globe, que les différentes parties de leurs squelettes se soudent les unes aux autres et s'emboîtent d'après des règles déterminées, il assura qu'il devait en être de même pour les espèces disparues qui avaient habité la terre à ses différentes époques. On pouvait donc, si l'on possédait quelques ossements de ces animaux, en conclure qu'ils devaient s'adapter à d'autres ossements d'une forme déterminée, et reconstituer ainsi peu à peu par le raison-

1. Science qui a pour but de connaître la constitution des corps organisés.

nement un animal dont il ne restait que quelques fragments.

La vérité de cette belle découverte fut confirmée par les travaux successifs de Cuvier. Tout le monde antédiluvien [1] reparut. On revit l'image de ces animaux bizarres et gigantesques qui parcouraient les immenses forêts du monde primitif. Cuvier reconstitua cent soixante espèces d'animaux disparus dans les bouleversements antérieurs du globe ; et il offrit à ses contemporains la vue d'êtres déjà disparus lorsque le premier homme fit son apparition sur la terre.

Cuvier savait intéresser à ses découvertes et à ses travaux par la manière dont il les exposait. Sa mémoire prodigieuse gardait facilement toutes ses observations et toutes ses lectures. Son éloquence facile et abondante exposait clairement le résultat de ses recherches. Un admirable talent de dessinateur lui permettait d'animer ses descriptions par une image qui naissait sous ses doigts au tableau et rendait visible à l'œil ce que l'intelligence avait déjà saisi.

Cuvier jouit pendant toute sa vie d'une réputation immense. Toutes les académies savantes du monde tenaient à honneur de l'inscrire parmi leurs membres. Tous les savants qui venaient à Paris se faisaient présenter à lui. Pour lui, il vivait simplement ; l'accès de sa maison était facile, et il aimait à aider de ses conseils, de sa bibliothèque et de sa bourse même les jeunes gens qui s'adressaient à lui et chez lesquels il avait reconnu du talent.

Des chagrins domestiques, la perte de quatre enfants et surtout d'une fille chérie, troublèrent ses dernières années. Cuvier mourut à Paris le 13 mai 1832.

1. Qui a existé avant le déluge.

CHAPITRE II

AMPÈRE (1775-1836)

Depuis *Franklin*, les travaux sur *l'électricité* s'étaient continués. Dès la fin du DIX-HUITIÈME siècle, ils aboutirent à la découverte de la *pile électrique* par *Volta*. Au DIX-NEUVIÈME siècle, ils conduisirent aux observations du Danois *Œrsted* sur les rapports de l'électricité et du magné-

Ampère.

tisme, qui eurent pour conséquence l'invention du *télégraphe électrique* [1] par *Ampère*.

André AMPÈRE naquit à Lyon en 1775. Tout enfant, il révéla des dispositions extraordinaires pour les sciences mathématiques. Avant même de connaître les chiffres, on le voyait faire de longs calculs arithmétiques avec de petits cailloux. Il tomba malade ; sa mère, pour le forcer au repos, lui enleva ses cailloux ; mais quelle ne fut pas sa surprise de trouver son enfant assis sur son lit, et recommençant ses calculs avec les morceaux d'un biscuit qu'on lui avait donné et qu'il avait brisé en petits fragments. A onze ans, Ampère connaissait les mathématiques élémentaires, et à dix-neuf ans il possédait, disait-il, autant de mathé-matiques qu'il en a jamais su depuis. Cela ne l'empêchait pas de dévorer bien d'autres livres, d'avoir lu au point d'en réciter des passages par cœur toute l'*Encyclopédie*

1. Télégraphe, de deux mots grecs, *télé*, loin, et *graphô*, j'écris.

de Diderot, de connaître le latin et l'italien, et de lire dans leur texte original le Tasse et Virgile.

A ce moment, un horrible malheur vint le frapper. On était en 1793, sous le régime de la Terreur. Le père du jeune savant fut arrêté comme royaliste, et, traduit devant un tribunal révolutionnaire, périt sur l'échafaud. La douleur d'Ampère faillit lui faire perdre la raison. Il resta plusieurs mois presque idiot, passant des journées entières sans dire un mot, occupé à faire des tas de sable ou à regarder le ciel. Enfin la lecture des lettres de Jean-Jacques Rousseau sur la botanique le fit sortir de cet état d'accablement. Il se rattacha à la vie par l'étude des plantes, puis par la lecture des poètes latins, Horace, Virgile et Lucain.

Lorsque la période orageuse et sanglante de la révolution fut passée, Ampère se maria, entra dans le professorat et devint professeur de mathématiques dans sa ville natale au lycée de Lyon. Il se disait au comble de ses vœux, lorsque la mort de sa femme vint le replonger dans la douleur. Il chercha un adoucissement à ses chagrins dans des travaux de plus en plus assidus et variés. Il connaissait les mathématiques, l'histoire naturelle, la physique et la chimie : il y ajouta une étude approfondie de la philosophie.

C'est en 1820 que les expériences du Danois *Œrsted* sur les rapports entre l'électricité et le magnétisme conduisirent Ampère à la découverte qui l'a immortalisé. Il reprit les travaux du savant danois, leur donna un développement inattendu, et en 1822 il en tira, comme conséquence pratique, la première idée du *télégraphe électrique*.

Jusqu'alors on n'avait rien trouvé de mieux pour transmettre rapidement les nouvelles que le télégraphe à signaux, placé sur des hauteurs et établi en France en 1792. Les communications étaient incertaines, souvent interrompues par un mauvais temps, par un brouillard. La découverte d'Ampère permit de faire communiquer entre eux par tous les temps et en quelques secondes les pays les plus éloignés.

Dès 1841, l'Angleterre établissait une première ligne de télégraphie électrique; les États-Unis suivaient en 1844, et la France inaugurait en 1845 le télégraphe de Paris à Rouen. Bientôt on songeait à traverser la mer. En 1850, un câble télégraphique sous-marin était jeté entre Douvres et Calais. Enfin on en vint à dérouler un fil à travers l'océan Atlantique pour unir le vieux et le nouveau monde. Aujourd'hui, la surface de la terre, les profondeurs de l'Océan sont sillonnées par des lignes dont le nombre s'augmente toujours. Les nouvelles nous arrivent en quelques heures de ces pays qu'une navigation de plusieurs mois séparait de l'Europe il y a quarante ans.

> L'hymen des nations s'accomplit. Passions,
> Intérêts, mœurs et lois, les révolutions
> Par qui le cœur humain germe et change de formes;
> Paris, Londres, New-York, les continents énormes,
> Ont pour lien un fil qui tremble au fond des mers.
> Une force inconnue, empruntée aux éclairs,
> Mêle au courant des flots le courant des idées.
>
> VICTOR HUGO.

Toutes ces merveilles sont dues à Ampère. Il mourut avant de les avoir vu s'accomplir, le 10 juin 1836. Il laissait la réputation d'un savant accompli, d'un homme excellent, plein de simplicité et de bonhomie, aimé et regretté de ses contemporains, et chaque jour son admirable découverte rappelle son souvenir à la postérité.

CHAPITRE III

ARAGO (1786-1853)

Ampère eut pour ami et pour continuateur un savant qui a laissé surtout un nom dans la science astronomique, *François Arago.*

Arago naquit à Estargel, dans les Pyrénées-Orientales, en 1786. Il fit ses études au collège de Perpignan, et ses progrès dans les mathématiques furent rapides. A dix-sept ans il entrait à l'Ecole polytechnique, après un des plus brillants examens dont on ait gardé le souvenir. Au sortir de cette Ecole, il fut attaché à l'Observatoire de Paris comme secrétaire du Bureau des longitudes.

En 1806, il partit pour l'Espagne, afin d'y exécuter des travaux astronomiques nécessaires pour obtenir la mesure exacte du mètre, que la Convention avait adopté pour base et unité du système nouveau des poids et mesures. Les travaux étaient commencés depuis deux ans, lorsque la tentative de Napoléon pour établir un de ses frères sur le trône d'Espagne amena une insurrection universelle des Espagnols contre nous. Tout ce qui était Français était menacé de mort.

Arago ne put revenir en France qu'à la suite d'incidents d'un caractère tout

Arago.

romanesque. Isolé au milieu d'un soulèvement populaire, il parvient avec ses notes et ses instruments à se réfugier sur un vaisseau espagnol, dont le commandant le soustrait à la fureur populaire et le fait embarquer sur une frégate algérienne partant pour Marseille. En vue des côtes de France, la frégate est prise par un autre vaisseau espagnol. Arago est fait prisonnier, jeté dans une forteresse, puis sur un ponton [1] et accablé de

1. On appelle ainsi les vieux vaisseaux privés de leurs mâts où l'on entassait jadis les prisonniers de guerre dans les ports de mer.

mauvais traitements. Mais le dey d'Alger réclame contre la prise de sa frégate et exige qu'on la lui rende avec les prisonniers et qu'on la ramène à Marseille. Arago se croit sauvé, lorsqu'une affreuse tempête le jette sur les côtes de Sardaigne. On y répare les avaries tant bien que mal et on revient en Algérie. Enfin, il put se rembarquer de nouveau et toucher le sol natal dans l'été de 1809.

Dans tous ces événements, le jeune savant s'était surtout préoccupé de ses instruments et de ses notes, qu'il put sauver et présenter à l'Académie des sciences. L'Académie, reconnaissante, oublia en sa faveur ses règlements et le reçut dans son sein à l'âge de vingt-trois ans. Napoléon le nomma *professeur à l'Ecole polytechnique*. Il le prit en telle affection qu'en 1815, dans le moment où, après son abdication, il songeait à partir pour les Etats-Unis, l'empereur vaincu voulait choisir comme compagnon de voyage Arago, afin de se livrer avec lui à l'étude des mathématiques.

Arago devint bientôt directeur de l'Observatoire de Paris et *secrétaire perpétuel de l'Académie des sciences*. C'est alors surtout qu'il se fit connaître par des notices et des comptes rendus pleins de clarté et d'élégance, par des éloges funèbres [1] qui sont restés des modèles de style et de narration. Arago était de plus un admirable professeur. Il savait non seulement exposer avec une lucidité merveilleuse, mais encore animer par une véritable éloquence ses leçons d'astronomie. Il obtenait ainsi à la fois l'estime du monde savant et la popularité près du public qui se pressait pour l'entendre.

Il était arrivé en 1830 à la plus haute réputation, lorsqu'il crut qu'il était de son devoir de se mêler aux agitations politiques qui passionnaient ses contemporains.

---

1. Le secrétaire perpétuel de l'Académie des sciences est chargé de faire l'éloge funèbre des membres de l'Académie après leur mort.

Il entra à la *Chambre des députés* et y devint, sous le règne de Louis-Philippe, un des chefs du parti républicain. Mais il ne recueillit pas dans sa vie politique les satisfactions que lui avait procurées l'étude des sciences.

Lorsque la révolution de février 1848 éclata, Arago fut nommé *membre du gouvernement provisoire*. Il fit proclamer la *République* et le *suffrage universel*. Mais ces moments de joie et d'enthousiasme durèrent peu.

Il lui fallut bientôt lutter contre ceux qui voulaient substituer le drapeau rouge au drapeau tricolore. Puis il vit éclater l'horrible guerre civile des *journées de juin 1848*. Il montra un courage héroïque en marchant contre les barricades à la tête des troupes. Mais il se retira, brisé par la douleur que lui avaient causée ces sombres événements.

Il gardait cependant sa foi républicaine. En 1852, il refusa de prêter à Napoléon III le serment exigé de tous les fonctionnaires publics. L'empereur fit pour lui seul une exception et lui permit de conserver la direction de l'Observatoire.

Cependant la chute de la République avait porté le dernier coup à Arago. Il continua à languir quelques mois et s'éteignit à Paris le 2 octobre 1853.

FIN

TABLE DES MATIÈRES

CINQUIÈME PARTIE

Moyen âge.

SIXIÈME PARTIE

Avènement des temps modernes.

SEPTIÈME PARTIE

Temps modernes.

Première série : Hommes d'Etat.

Deuxième série : Fondateurs d'empire.

Troisième série : Hommes de guerre.

Quatrième série : Ecrivains.

Cinquième série : Artistes.

Sixième série : Savants.

Septième série : Explorateurs.

HUITIÈME PARTIE

Histoire contemporaine.

FIN DE LA TABLE DES MATIÈRES

COULOMMIERS. — Typ. PAUL BRODARD.